KB272161

음악 감정의 기원

음악 감정의 기원

발행일 2026년 4월 15일

지은이 정상희
펴낸이 손형국
펴낸곳 (주)북랩

출판등록 2004. 12. 1(제2012-000051호)
주소 서울특별시 금천구 가산디지털 1로 168, 우림라이온스밸리 B동 B111호, B113~115호
홈페이지 www.book.co.kr
전화번호 (02)2026-5777   팩스 (02)3159-9637

ISBN 979-11-7598-215-4 03670 (종이책)   979-11-7598-216-1 05670 (전자책)

작가 연락처 문의 ▸ ask.book.co.kr

전용 게시판에 문의를 남기시면 저자에게 직접 전달됩니다.

(주)북랩 성공출판의 파트너

북랩 홈페이지와 SNS에서 다양한 출판 솔루션을 만나 보세요!

홈페이지 book.co.kr • **블로그** blog.naver.com/essaybook • **출판문의** text@book.co.kr
카톡채널 북랩

음악 감정의 기원

정상희 지음

머리말 _ 8

이 책의 요약 _ 11

1부 클래식 음악의 시작

감정이란 무엇일까 _ 14

형이상학으로 다가가는 방법론 _ 21

클래식 음악에 기악의 추상성이 왜 생겼나 _ 24

순수 기악과 가창(Vocal, 歌唱) 음악 속 기악의 차이 _ 27

음악을 가로막는 병목현상: 자아와 감정의 충돌 _ 31

클래식 음악은 왜 설명해야만 이해할 수 있는가 _ 34

클래식의 순수 기악은 어떻게 들어야 이해가 될까 _ 37

클래식은 지식이 아닌, 익숙해진 소리를 해석하는 음악이다 _ 41

Intermezzo: 인공지능 시대의 등장 _ 51

음악의 아름다운 감흥은 기억의 연상(상상)작용이다 _ 54

『어린 왕자』 이야기를 투영한 클래식의 이해 _ 61

감정은 소리를 파편으로 수집한다: 생존을 위한 속도전 _ 66

음악 감흥의 재료인 '복합음악감정'은 어떻게 누적되었나 _ 71

인류 최초 율동(Rhythm)의 음악, 생명이 먼저 두드렸다 _ 80

순음(Musical tone, 純音)의 출현이 음악 감정을 완성하다 _ 85

재즈(Jazz): 댐을 허물고 굽이쳐 흐르는 강물이 되다 _ 99

클래식의 '활(Bow)'의 미학은 인류 공통의 영원한 주제 _ 106

전략적 지연, 본능을 흉내 낸 음악의 이법(理法) _ 113

인류 공통의 프로소디(Prosody)에서 음악을 추출하다 _ 118

은유(Metaphor): 언어의 기호로 복합 감정을 연주하다 _ 126

Intermezzo: 멈춰선 춤과 거울의 방 _ 132

클래식의 객관성, 감정의 농도일까 감정의 색채일까 _ 134

감각의 원형: 그 속 고대의 언어를 소환하다 _ 149

자아가 빚어내는 음악의 긴 서사: 감각에서 구조로 _ 152

Intermezzo: 천상의 대법정 _ 156

음악 속의 예외: 상실을 주는 슬픈 고통의 음악 _ 160

Intermezzo: 이 책의 동기 _ 163

소리의 철학

음악 감정의 기원 _ 168

비인과적 재료에서 생겨난 음악의 인과성 _ 180

Intermezzo: 이 책의 동기 _ 185

음악의 합목적성 _ 186

음악 감정의 또 다른 파편, 삶의 기억 _ 203

음악의 신비경: 논리적 극한의 알고리즘 _ 208

감정을 설계하는 음악의 이법(理法), 보편성 _ 215

감정의 두 얼굴: 낮에는 긴장을 이기고, 밤에는 긴장을 풀고 _ 221

낭만(Romance)의 본질: 감정이 논리의 절정에서 피워낸 꽃 _ 227

낭만(Romance)의 본질: 낭만의 '탄성'을 묻다 _ 243

감정의 발현에 영향을 주는 이성의 인과성 _ 249

내 안의 또 다른 나: 감정과 자아의 두 기둥 _ 255

언어의 일차원성과 소리의 이차원성 _ 264

클래식의 우월함을 상식(Science)의 현상으로 결론짓다 _ 270

연주자와 애호가, 두 감각의 다리 위에서 _ 275

이 책을 마치며 _ 280

에필로그: 감정, 그 마지막 숨결의 해방 _ 281

머리말

클래식 음악처럼 세대를 넘어 상상력을 일깨우는 예술이 또 있을까? 어린 시절에 들었던 선율을 인생의 황혼까지 이끄는 힘은, 악기들을 혁혁한 상상력으로 키워낸 음악의 마법이다.

반세기 클래식 음악을 사랑한 돈키호테의 무모함으로 음악의 신비경을 헤쳐보려는데, 그 닫힌 문을 연 것은 문학의 수사가 아닌 생명의 비밀스러운 이법(理法)이었다. 이제 그 상상력의 형이상학을 음악의 철학(추상)으로부터 끌어와 삶의 일부로 삼아야 할 이유가 뭘까?

화려한 소리로 넘쳐나는 시대에, 클래식은 여전히 신비로운 경계에만 머물며 대중의 손길에서 멀어져 있다. 그러나 그 본질을 인식의 지평 위로 끌어올린다면, 클래식의 상상력이 삶 속에 내내 녹아서 비견할 수 없는 울림을 남길 것이다.

음악감상은, 예측과 상상의 정신작용이다. 창의적인 사람이 되고자 한다면, 이보다 탁월한 감정 놀이란 없을 것이다. 그리고 그 창의성은 단지 소리에만 머무르지 않는다. 보이는 것, 만지는 것, 맛보는 그것의 모든 감각을 다 두드린다. 이것을 생물학의 상식으로 밝히려는 시도는, 감정의 본질로 들어가서 음악이 초월적 형이상학을 어떻게 드러내는지 근원을 찾아내기 위해서다. 음악을 품은 감정이란, 상상력의 꾸준한 해석으로 마침내 초월 속의 신비경을 만나는 일이다.

이 책의 단어 하나하나를 곱씹어가며 그 안에 담긴 긴장과 통찰을 읽어내야 할 만큼 몰입해야 하는 이유는, 그것이 곧 음악의 형이상학을 그려내는 것이기에 그러하다.

진정 이 책의 주인공이어야 할 청소년들에게도 읽히길 몹시 갈망하지만, 아이스크림 먹듯 술술 읽히지 않을 것이기에 누군가 잘 삭혀줄 수 있기를 간절히 바라본다. 이제 그 속으로 들어가 보자. 어떤 비밀이 숨어 있는지…. 음악을 생명의 이치로 바라보고, 문자로 그려낸 음악 속 형이상학을.

언어의 등가를 저울질한 문장이 얼마나 충족될지는 걱정스러우나, 음악의 주제가 반복되듯 점층적으로 설명을 이어가다 보면, 어느새 감정의 감춰진 비밀이 서서히 드러난다.

그 감정은 우리가 평생 안고 가는 또 다른 나다.

현재까지 밝혀진 지식 외에도, 일부 단절된 소리의 역사는 합리적 가설로 이어 붙였다. 그것은 인류가 음악 감성을 공유한 이유를 알아내기 위한 임시방편의 문학적 서술이다.

* 신비경: Awe, 신비의 경지, 깊은 몰입의 상태, 神秘境.

이 책의 요약

음악은 생명의 유기체와 모종의 연결 관계다.

생명의 역사 안에 음악을 알아듣는 소리 본능이,

말 없는 악기의 소리를 묵묵히 상상한다.

그 몸체는 규칙성의 논리 덩어리며,

그 몸체가 촉발한 것이 낭만이니,

그 몸체의 역설이 궁금하다.

클래식이란 무엇일까?,

입문자에게는 궁금증이며,

애호가에게는 무릇 신비이고,

전공자에게는 실현해야 할 현실이다.

그들 사이에 공통의 중간 다리는 없을까?

생명 속 소리의 비밀을 공유한다면 어떨까?

그것이 곧 감정의 이야기다.

감정의 이야기를 전개한 것이라면,

우리의 삶 속에 빈틈없이 끼인 존재이니,

음악의 이야기만이 아닌 인생 모든 것의 이야기다.

1부
클래식 음악의 시작

감정이란 무엇일까

클래식 음악을 이야기하기 전에, 우리는 먼저 그 음악이 불러일으키는 감흥의 정체, 곧 '감정'이라는 이 묘한 반응의 실체를 살펴봐야 한다.

감정은 단지 기분이나 느낌 정도로 치부하기에는 너무도 강력하고, 또 너무도 오래된 '생명의 언어'다. 우리가 사랑을 느끼고 두려움에 떠는 그 순간, 우리의 몸은 생각보다 훨씬 먼저, 그리고 훨씬 정교하게 반응한다. 감정은 태초부터 오직 하나의 목적을 가지고 태어났다. 바로 '생존'이다.

인간이 아직 도구도 없고 불도 다루지 못하던 시절을 상상해 보자. 들판에서 맹수의 포효를 들은 순간, 두뇌 깊은 곳에 숨어 있던 감정 기관은 번개처럼 반응해 근육에 경고를 보내고, 심장을 빨리 뛰게 하며, 시야를 좁혀 도망칠 준비를 시켰다. 이 반응은 생각보다 훨씬 빨라서, 우리가 공포를 '의식적으로 느끼기 전에' 이미 몸은 벌써 도망치는 행동을 끝내

버리곤 했다.

감정은 뇌의 가장 깊은 곳, '변연계'라는 아주 오래된 구조에서 비롯된다. 그 중심에 있는 '편도체'는 위협이나 쾌락 같은 신호를 실시간으로 분석하며, 대뇌피질의 더딘 판단 따위는 기다려주지 않는다. 그래서 감정은 내가 '느끼는 것'이 아니라, 내 안에서 나도 모르게 '재빠르게 일어나는 것'이다.

때로는 그 속도가 너무 빨라, 나는 내가 왜 슬픈지조차 모른 채 눈물을 흘리기도 하고, 누군가의 말투 하나에 이유 없이 기분이 상하기도 한다. 어찌 보면 감정은 내 안의 또 다른 존재처럼 느껴진다. 나(Ego)와 함께 살아가지만 내 뜻대로 되지 않는, 별도로 학습하고 별도로 기억하며, 필요할 때면 스스로 나타나 번개처럼 나를 움직이는 '또 하나의 나'인 셈이다.

감정이 이토록 뿌리 깊고 정교한 이유는, 그것이 수천, 수만 세대를 거쳐 '경험'이라는 이름의 학습으로 누적되어 왔기 때문이다. 이 학습은 단지 개인적인 기억이 아니라, 세대를 거쳐 유전자에 새겨진 일종의 '감정적 지도(Emotional Map)'와 같다. 그래서 우리는 뱀의 움직임을 보면 본능적으로 움찔하고, 차가운 날씨에 따뜻한 온기를 느끼면 안도하며, 아기의 울음소리를 들으면 즉시 돌봐야겠다는 충동을 느낀다. 이 모든 것은 뇌가 이성적으로 판단한 결과가 아니라, 유전자에 새겨진 '감정의 프로토콜'이 작동한 결과다.

마치 오래된 운영체제처럼, 이 감정 시스템은 고장도 없고 멈추지도 않는다. 잠들 때조차 꿈속에서 움직이고, 내가 원하지 않아도 나의 판단을 좌우하며, 결국에는 나의 인생 전체를 감정이라는 렌즈로 바라보게 만든다. 그렇게 감정은 삶의 수호자이자 방향타이며, 때로는 내가 누구인지 알려 주는 거울이기도 하다.

사람과 사람의 대화에서도, 자아(Ego)와 자아(Ego)가 직접적으로 대면하는 일은 존재하지 않는다. 그들 앞에는 항상 감정과 감정이 가로막고 있어, 서로를 탐색한 다음에야 그 의미와 느낌을 자아에 전달하는 '중개인이 낀 간접화법'만 존재한다. 그러니, 아무리 사랑하는 사이라도 그들의 영혼과 영혼이 직접 만나는 일은 절대로 일어나지 않는다.

그런데 이렇게 철저히 생존을 위해 진화한 감정이, 어느 순간부터 음악이라는 '쓸모없는(?) 유희'에 반응하기 시작했다. 음악은 맹수처럼 위협적이지도 않고, 배고픔을 해결해 주지도 않으며, 생존에 직접적인 도움을 주지도 않는다. 그런데 우리는 음악을 들으며 울고, 웃고, 설레고, 때로는 어떤 음악 한 곡에 인생 전체가 흔들리기도 한다. 도대체 왜일까?

그 이유는 소리라는 파동이 인간에게 단지 '정보'가 아니라, 아주 오래 전부터 '감정의 언어'였기 때문이다. 고대의 인류는 소리만으로 위험을 감지하고, 타인의 기분을 읽었으며, 무리의 상태를 판단했다. 한 사람이 말하는 억양, 목소리의 떨림, 호흡의 리듬은 모두 감정을 전하는 신호였다. 20세기에 와서야 언어학은 이 감정의 신호에 '프로소디(Prosody)'라는 이름을 붙여주었다.

모든 음악의 원형은 바로 이 프로소디 구조를 예술적으로 확장한 것이다. 즉, 말의 억양에서 감정을 느끼던 뇌의 시스템은 음악에서도 똑같이 작동한다. 바이올린이 슬픈 이유는 그것이 슬픈 단어를 말해서가 아니라, 그 소리가 인간의 탄식과 닮았기 때문이다. 드럼이 흥분을 유발하는 것은 북소리가 심장박동과 닮았기 때문이다. 음악은 실제상황이 아님에도 뇌 속의 감정 기억을 소환하고, 그 기억이 현재의 느낌으로 변형되면서 우리는 음악이라는 감정의 파도를 타게 된다.

하지만 감정은 어디까지나 '느낌'의 동기를 만드는 기능에 집중한다. 낭만이란, 그 느낌을 받은 자아(Ego)가 만드는 해석과 극적인 논쟁의 결과물일지 모른다. 감정은 무엇인가를 느끼게 하지만, 그 느낌을 바탕으로 내가 슬픈 사연을 떠올리고, 눈부신 기억을 떠올리며 사랑을 회상하는 것은, 충분한 시간을 확보한 자아의 몫이라 여겨진다.

　결국 음악은 감정의 역사이며, 감정은 생존의 기억이고, 낭만은 그 치열한 생존 논리가 토해내는 감탄의 소리다. 우리는 소리를 통해 감정을 떠올리고, 그 감정 위에 자신만의 서사를 얹으며, 때로는 울고 웃고 또 삶을 생각한다. 그렇게, 음악은 생존의 도구를 넘어 '살아있음을 느끼는 도구'가 되었다.

　음악을 이성만으로 들을 수 없는 이유는, 빠르게 흘러가는 음률의 변화를 오직 감정만이 즉각적으로 포착하여 희로애락으로 반응할 수 있기 때문이다. 이성은 감정과 달리 판단을 '확신'이라는 느린 과정으로 대체해 버리기에, 그 결과는 늘 한참 뒤늦게 도착한다. 음악이 들려오면 감정은 "이건 이성으로 해석할 대상이 아니군!" 하며 미리 가로채어버린다. (이는 뇌과학자 조셉 르두(Joseph LeDoux)가 말한, 공포 반응이 이성을 거치지 않고 편도체로 직행한다는 'Low road' 이론과도 정확히 부합한다.)

　심지어 연주자가 곡을 어떻게 해석할지 고민하며 이성을 활발하게 돌릴 때조차, 감정은 묵묵히 이를 지켜보며 이성의 논리로 완성된 소리를 끊김이 없는 느낌으로 연결해 준다. 삶 속에서 이성이 작동하지 않는 경우는 흔하지만, 감정이 멈추는 경우는 존재하지 않는다. 이 두 사고 체계는 때론 갈등하고 때론 동조하지만, 결국 '생명 유지'라는 같은 목적을 가진 형제 관계다.

음악 감정의 기원

그래서 음악은 바로 이 '즉각적 감정'의 고속도로를 타고 우리에게 들어온다. 우리가 음악을 들으며 갑자기 눈시울이 붉어지거나, 단 한 마디 선율에도 심장이 뛰는 것은, 그것이 이성의 검문소를 거치지 않고 감정의 중추를 향해 곧장 내달리기 때문이다. 이성은 나중에야 "왜 이런 느낌이 드는 걸까?"라고 묻지만, 그때는 이미 늦었다. 음악은 이미 마음의 문을 열고 들어와, 생각하기도 전에 우리를 흔들고 지나가 버린 뒤다.

이렇듯 인류가 음악을 만들어 긴장을 이완하는 놀이로 삼은 이유는, '생존과 스트레스의 상관관계'에 기인한다.

인류가 작은 가족 단위에서 더 큰 사회로 나아갈 때, 가장 큰 위협은 맹수가 아니라 '타인과의 갈등'이었다. 반복되는 긴장과 불화는 극심한 스트레스를 유발했고, 이를 제때 해소하지 못하면 면역체계가 무너져 생존 자체가 위협받았다. 이를 완충하기 위해 인류는 본능적으로 '놀이'라는 정서적 조절 장치를 고안해 냈으니, 그중에서도 음악은 감정을 동기화하고 공감을 유도하며 무리를 하나로 묶는 가장 강력한 수단이 되었다.

오늘날의 현대사회 역시 관계의 피로와 감정적 갈등이 끊이지 않으며, 스트레스는 여전히 우리를 병들게 하는 주요 원인이다. 그래서 우리는 지금도 음악 속에서 위로를 찾고, 흩어진 감정의 파편을 수습하며, 그 오래된 회복의 방식을 여전히 꺼내 쓰는 중이다. 이제 음악은, 감정의 누적된 경험을 새로운 방식으로 해석하고, 이를 예술적 차원에서 감흥과 의미로 풀어내는 '인류 최고의 발명품'이 되었다.

* 자아를 Self가 아닌 Ego라고 표현한 것은, 규정할 수 없는 자아를 차라리 상상의 미완

상태로 놔두려는 의도다.

* 감정을 만들어내는 유기적인 조직체를 일반적으로 '신경계(Nervous System)'라 하는데,

뇌(변연계), 자율신경계, 호르몬 시스템, 및 신경전달물질의 상호작용으로 발현되는 것을,

여기에서는 이런 유기적 조직을 통틀어서 그냥 '감정'이라고 표기하였으나, 문맥에 따라

서는 감정이 발현된 느낌을 뜻하기도 한다. 이를 혼용해도 문맥상 큰 문제가 없어서 그리

하였다.

형이상학으로 다가가는 방법론

우리가 음악을 들으며 내면 깊은 곳에서 형용할 수 없는 울림을 느낄 때, 우리는 언어나 문자가 닿지 못하는 관념의 영역, 즉 '형이상학(Metaphysics)'의 문턱을 넘게 된다. 그리고 음악은 종종 그 문턱을 지나 감각과 이성마저 뛰어넘는 더 깊은 마음의 경지인 '초월경(Transcendental State, 超越境)'으로 우리를 인도한다. 이는 단순한 신비로움을 넘어, 음악적 감동이 빚어내는 심미적 극한의 상태를 가리킨다.

이러한 단어들은 단순한 철학적 개념에 머물지 않는다. 언어의 표현으로는 도저히 다다를 수 없는 영역이라 할지라도, 우리는 이를 포기하거나 외면할 수 없다. 오히려 우리는 이 영역을 가리키고자 끊임없이 노력하며, 그곳에 닿으려는 간절한 시도를 멈추지 않았다. 이러한 노력은 이심전심 타인과 깊은 소통을 가능하게 하였다.

더 나아가, 우리는 현실의 '형이하학'과 음악으로 발현된 '형이상학'을 서로 연결할 수 있다. 예를 들어, 클라리넷을 연습하던 중 소리가 마음에 들지 않아 마우스피스를 바꿔가며 더 아름다운 소리를 찾아내는 과정을 떠올려 보자. 이는 지금 쓰고 있는 소리의 형이상학적 성질을 깨닫고, 더 나은 형이상학의 상태를 추구하는 행위다.

비록 그 진솔한 소리의 형이상학을 언어로 온전히 설명할 수는 없겠지만, 물리적인 마우스피스를 바꿈으로써 우리는 다른 차원의 형이상학의 소리를 선택할 수 있다. 즉, 형이하학의 그릇이 곧 형이상학을 담아내는 방법이 되는 경우다.

이 책도 그 본질은 설명할 수 없지만, 그것을 담고 있는 그릇들을 이리저리 옮겨붙이며, 그 사이를 은유의 문법으로 접착시켰다.

만약 형이상학이 난해하다는 이유로 다가서기를 포기한다면, 우리의 삶은 빈약하고 평면적인 세계로 축소될 것이다. 아니, 어쩌면 그것은 근본적으로 불가능한 일일지도 모른다. 삶의 진정한 가치와 깊이는 결국 이 형이상학적 영역에서 비롯되기 때문이다.

예술적 영감과 음악적 감동, 그리고 인간적 체험의 깊은 순간들은 모두 이 영역에 단단히 뿌리를 내리고 있다. 이를 외면하는 것은 곧 삶과 예술의 본질을 놓치는 것과 같을 것이다.

앞으로 이어질 여정에서 우리는 새로운 언어의 이정표(고유명사)들을 세워갈 것이다. 이 조심스러운 시도를 통해, 마침내 감춰져 있던 소리의 거대한 세계가 희미하게라도 드러나기를 간절하게 바라본다.

클래식 음악에
기악의 추상성이 왜 생겼나

클래식 음악의 추상성은 언어와 같은 명확한 의사소통의 형태가 없기에 쉽게 이해하기 어려울 수 있다. 이는 클래식을 모르는 사람에게는 추상적으로 다가가고, 클래식을 이해하는 사람에게는 그 안에 담긴 감정의 농도를 찾아내는 도전이 필요하다.

음악을 알면 그 추상성이 단순히 추상이 아닌, 소통의 한 방식임을 깨닫게 되지만, 클래식을 아는 사람들에게도 그 감동의 재료가 무엇인지는 알아야 한다. 음악은 능히 알아도 근원을 모르면 설명이 어려울 수도 있다. 때론, 그 안의 숨은 원리를 안다면 생각의 지평을 더 확장할 수도 있으니까.

계몽주의 시대 이전에는 클래식의 특성을 사람들이 모호하게 여겼다.

언어처럼 분명하지 않고, 오직 파동으로만 전달되기에 그 안에 든 감정의 메시지를 이해하기가 어려웠다. 철학자들조차 클래식을 비난하는 경우가 있었으니, 이는 언어적 사고에만 의존한 좁은 인식에서 비롯된 오해로, 감정 자체만의 관점을 전혀 이해하지 못한 결과였다.

이는 마치 언어를 몰랐던 초기 인류라면, 오히려 언어의 관점을 이해하지 못했을 것이다. 그들은 소리를 세밀하게 감지하며 그 속의 숨겨진 의미를 알아챈 민감한 감성의 사람들이었다. 마치, 몇 마디 뜻 모를 소리나 몸짓만으로도 마음과 마음이 통하는 것처럼.

이에 반해, 현대인은 사회적 지식 망에 의존하며 감정의 섬세한 인식을 점점 잃어가고 있다. 길을 모르면 블랙박스 하나면 되고, 모르는 것은 검색으로 해결된다. 사회관계망이 거미줄처럼 얽혀 사람들에게 암기를 못하게 만드는 사회다. 대상과의 직접적인 접촉 없이 가상의 체험으로도 세상을 살아가는 현실은, 곧 감정의 풍부한 확장을 방해하는 결과로 이어질 게 뻔하다.

모든 것이 문자로 해결되는 지금 시대의 인식 변화가, 음악에 대한 오해를 낳은 것이 분명해 보인다. 클래식을 오랫동안 접한 사람들이라면, 이미 소리로 그 추상성을 소통의 방식으로 이해하고, 이를 자연스럽게 받아들이는 게 익숙하다. 결국, 음악의 추상성은 소통을 위한 하나의 형

1부 클래식 음악의 시작

식일 뿐이며, 이를 이해하는 데 언어와는 다른 감정적 접근이 필요할 뿐
이다.

그 추상이란, 생명이 축적해 놓은 감정 정보가 발현하는 생명현상임을
알 때까지 이야기의 전개를 끝까지 지켜보자.

순수 기악과 가창(Vocal, 歌唱) 음악 속 기악의 차이

클래식 음악의 본질은, 언어적 의미가 해석된 뒤에 남는 감정이 아니라, 언어의 매개 없이 곧장 발현되는 '소리 자체의 감동'에 있다. 이 점을 이해하는 순간, 클래식은 설명이 필요한 음악이 아니라 즉각적으로 감지되는 음악으로 전환된다. 클래식을 단번에 알아차리는 열쇠는 바로 이 순수한 소리의 감동에 직결되어 있다.

이를 이해하기 위해 슈베르트의 『마왕』을 살펴보자. 이 곡에서 청자(Auditor, 聽者)는 가사 속 서사를 먼저 따라가며 음악에 접근한다. 아버지와 아이, 마왕이 교차하는 이야기 구조를 해석한 뒤, 그 위에 얹힌 피아노의 극적인 울림을 감정적으로 통합해 받아들인다. 즉, 언어적 의미를 경유한 후 기악의 감정이 완성되는 방식이다.

이러한 구조는 대중음악의 감상 방식과도 닮아있다. 가사와 선율, 반주가 하나의 감정 흐름을 이루며 청자에게 자연스럽게 전달된다. 이는 오랜 시간 언어적 이야기 구조에 익숙해진 인류가 터득해 온 가장 직관적인 음악 해독법이라 할 수 있다. 너무도 자연스럽기에, 우리는 별다른 노력 없이 음악의 분위기와 흥을 즉각 알아차린다.

이 과정에서 기악은 종종 언어의 의미와 그 속에 담긴 운율적 억양, 즉 프로소디(Prosody)에 종속된다. 소리는 말의 정서적 그림자를 따라가며, 기악은 감정의 주체라기보다 보조 재료로 기능하게 된다. 이때 음악의 중심은 여전히 언어에 놓여있다. (프로소디에 대해서는 이후에 더 자세히 다루게 된다.)

그러나 언어를 완전히 배제한 순수 기악에 이르면 상황은 근본적으로 달라진다. 이야기가 제거된 음의 흐름은 청자를 수동적인 수용자가 아니라 해석의 중심에 세운다. 즉, 청자가 스스로 감정 해석을 독자적으로 이어 나가는 주체자가 되는 것이다.

익숙한 언어적 틀에서 벗어난 우리는, 더는 의미를 '이해'하려 애쓰지 않고 소리 그 자체에 몰두하게 된다. 이해는 이성의 영역이요, 느낌은 노력이 아닌 무의식의 감정 영역이다.

이 경험은 처음에는 낯설고 어렵게 느껴질 수 있다. 그러나 바로 그 지점에서 감동의 깊이는 급격히 확장된다. 언어가 제공하던 안전한 안내판이 사라진 자리에서, 감정은 훨씬 직접적으로 반응하기 시작한다. 이때부터 클래식 음악은 언어의 좁다란 그늘에 머무르지 않는다.

언어를 벗어난 소리의 세계, 의미 이전의 울림이 작동하는 영역. 그곳에서 비로소 순수 기악이 지닌 클래식 음악의 진정한 공명이 시작된다.

Prelude: 입문자

음악은 감정이고, 생각은 이성이다

두 감각을 다 열면 힘들어진다

음악이 끝나면, 이성이 다가와

나도 몰래 음악을 꾸며낸다

그러니 오직 감정으로만

소리의 아름다움만

클래식을 생각하며 들으셨나요?

그래서 어려웠던 겁니다.

음악을 가로막는 병목현상: 자아와 감정의 충돌

이 이야기는 사실 책의 뒷부분에 '진정한 깨달음'으로 등장해야 할 결론이지만, 입문자들을 위해 특별히 앞으로 가져왔다. 음악을 감상하는데 하나의 예를 들어보았다.

말러의 음악을 듣다 보면 갑자기 방울(Cowbell) 소리가 들릴 때가 있다. 이때 자아가 "왜 여기서 방울 소리가 나지?"라고 이유를 찾으려 한다고 가정해 보자. 그것도 음악이 한창 흐르고 있는 와중에 말이다.

그 순간, 음악이라는 공간에 '감정'과 '자아(이성)'가 동시에 개입하게 된다. 여기서 문제가 발생한다.

감정이 빠르게 지나가는 음악을 실시간으로 포착하는 와중에, 이성이 불쑥 질문을 던지며 흐름을 끊으면, 뇌는 과도한 '인지적 과부하'로, 음악

감상을 심각하게 방해하는 결과로 이어진다.

그리고 그 노력은 십중팔구 실패한다. 음악 안에는 현실 속의 '인과적 이유'가 없어 찾아내지 못한다.

그러나, 음악은 결국 알아차려야 즐거움을 발현한다.
그렇다면, 그 깨달음은 대체 어디서 오는 것일까?
음악을 듣는 실시간의 순간에 이성이 깨달은 것이 아니다. 깨달음은 음악이 끝난 다음에 찾아온다.

그때서야 감정과 이성은 무의식의 협업을 시작한다. 둘이 협업하는 그 순간에는 현실의 '인과성'이 아닌, 음악의 논리인 '가상인과성'으로 해석을 이어간다. ('가상인과성'은 책의 후반부에 다룬다.)

즉, 음악이 들려올 때 이성이 들어오면 '인과성'으로 해석하여 오류가 나지만, 음악이 끝난 후 감정과 협업하면 '가상인과성'으로 해석하여 음악 본래의 아름다움을 찾아간다는 뜻이 된다.

이 '알아차림'은, 다음번에 그 음악을 다시 들을 때 곧바로 감각에 반영된다. 이러한 반복이 '알아차림'의 가짓수를 늘려가며, 마침내 한 곡을 온전히 이해하는 감동의 완성으로 다가온다.

그동안 클래식을 어렵게 느꼈던 이유는, 이 간단한 원리를 몰랐기 때문이다. 음악이 시작될 때는 '감정' 홀로의 단독 여행이어야 한다.

음악을 대하는 올바른 자세는 오직 '수동적 몰입'이다.
누구에게도 묻지 않는 수동적 몰입. 오직 감정만.
사실, 대중음악도 일일이 비평하면서 듣지는 않는다.
자신의 감정을 믿고, 엄마 품에 안긴 아이가 편안하게 젖을 먹듯 소리에 몸을 맡기자. 생각하지 말고 오직 소리 자체의 아름다움만 따라가노라면 어느 순간, 깨달음은 문득 다가온다.

베토벤 시대의 청중들을 상상해 보라. 그들이 인과적 뜻을 찾기 위해 골똘히 집중하며 괴로워할 때, 그들의 마음속 '감정'은 이렇게 충고하고 있었을 것이다.

"클래식을 생각하며 듣다니, 이걸 받아주기가 너무 힘들어. 제발 나만!"

클래식 음악은 왜 설명해야만
이해할 수 있는가

기록으로 확인되는 악기의 역사를 거슬러 올라가면, 약 4만 년 전 뼈로 만든 피리가 발견되었다. 일부 학자들은 이를 넉넉히 10만 년 전까지 확장해 보기도 한다. 이 오랜 시간 동안 인간은 목소리와 악기가 어우러진 음악에 자연스럽게 적응해 왔다. 그러나 언어를 완전히 벗어난 순수 기악의 역사는 대략 17세기 이후부터다.

어쩌면 클래식 음악이 낯설게 느껴지는 이유도 여기에 있을지 모른다. 우리는 오랫동안 노래와 이야기, 목소리와 감정을 함께 경험해 왔지만, 말 없는 소리 자체를 감정의 중심에 놓고 듣는 방식에는 아직 충분하게 익숙해지지 못했다. 더구나 이 새로운 감상법은 거의 아무런 언어적 안내 없이 오늘날까지 이어져 왔다.

이것은 꽤 아이러니한 일이다. 아니, 어쩌면 언어가 소리를 설명할 수 없는 차원 앞에서, 모두가 말문을 닫아버렸다고 보는 편이 더 정확할지도 모른다. 이 문제는 생물학적 이해가 뒷받침되지 않는 한, 오랫동안 언어의 영역에 들어오지 못했을 것이다.

클래식의 어려움은 바로 여기에 있다. 명확한 설명 없이 무언의 경험에만 의존하다 보니, 결국 소수의 애호가만 조용히 알아차리는 음악이 되어버렸다.

그렇다면 묵묵히 듣기만 하는 것으로 클래식의 세계는 넓어졌을까?
그 침묵을 끝까지 견뎌내지 못하는 사람들은 어떻게 해야 할까?
오늘날 점점 위축된 클래식 시장은 이 질문에 조용히 답하고 있다.
그래서 이제는 언어적 해명이 더욱 중요해졌다.

모두가 알다시피, 클래식은 전혀 다른 관점으로 들어야 하는 음악이다. 그러나 단지 말없이 끈기 있게 듣다 보면 언젠가 깨닫게 될 것이라 기대하기에는, 지금의 세상은 너무 빠르고, 너무 많은 선택지를 제공한다. 듣기 쉬운 음악 장르는 넘쳐나고, 강렬한 즐거움은 늘 손쉽게 주어진다. 그 속에서 클래식은 쉽게 뒤로 밀려난다. 어쩌면 이미 우선순위의 맨 끝에 놓여있을지도 모른다.

현대사회는 즉각적인 쾌락과 빠른 이해를 요구한다. 처음부터 잘 들리지 않는 음악이 선택받기란 점점 더 어려워지고 있다. 그래서 이 책은 감히, 클래식을 언어로 설명하려고 도전장을 내밀었다.

이 흐름 속에서 클래식의 감정적 깊이를 전한다는 것은 분명 크나큰 도전이다. 그러나 알고 보면 클래식은 단순한 취향의 문제가 아니라, 잊고 있었던 고대로부터의 인간이 자연스럽게 소통했던, 눈치로 알아차리는 프로소디의 정수를 담고 있는 음악이다. 이 책은 그 본질을 조금 더 많은 이들에게 전하고, 클래식을 현대인의 삶 속에 다시 조심스럽게 끼워 넣고자 하는 고민과 열망에서 출발하였다.

클래식의 순수 기악은
어떻게 들어야 이해가 될까

가창 음악은 가사와 기악이 감정을 일관되게 엮어내는 데 비해, 순수 기악은 단일한 의미나 구체적인 감정을 담지 않는다. 악기의 소리는 어떤 이야기도 하지 않으며, 오로지 감정의 울림만을 전달한다. 바로 이 지점에서 클래식 음악은 '의미를 찾지 않고 감정을 느끼는 음악'으로 자리한다.

가창 음악은 익숙하다. 우리는 가사의 이야기를 따라가며, 선율과 반주가 만들어내는 극적 흐름을 자연스럽게 받아들인다. 이 과정에서 뇌는 언어의 해석과 감정적 공명을 통합해 하나의 즐거움을 완성한다. 그러나 클래식은 다르다. 해석도 이야기 구조도 없이, 감정이 직접 소리를 맞이하고 본능적으로 반응하는 음악이 바로 클래식이다.

문제는 우리의 습관이다. 우리는 음악을 이해해야 한다는 언어적 태도에 익숙하다. 이 습관을 잠시 내려놓고, 의미를 찾으려는 시도를 멈춘 채 소리 그 자체에 머무를 필요가 있다. 처음에는 쉽지 않다. 소리에 몸이 적응하는 시간이 필요하다. 그러나 반복해서 듣다 보면, 어느 순간 설명할 수 없는 울림이 다가온다.

이해하기 어려운 대목이지만 클래식 음악에서는, 자아보다 감정이 먼저 음악을 듣는다. 소리는 곧장 자아에 도달하지 않는다. 먼저 감정의 층위에서 반응이 일어나고, 그 뒤에야 그 느낌이 자아에 전달된다. 자아는 그 감정을 받아들인 뒤, 시간을 들여 음악을 해석할 뿐이다. 즉, 클래식 감상에서 감정은 출발점이며, 자아는 언제나 한 박자 뒤늦게 도착한다.

가창(歌唱) 음악은 이 구조와 다르다. 이 경우 음악을 처음 맞이하는 것은 감정보다 자아다. 가사의 의미가 언어를 처리하는 뇌 영역에서 먼저 해독되고, 그 의미는 생존과 판단의 방향을 가리키는 신호로 작동한다. 그 결과 기악은 감정의 주체라기보다, 이미 해석된 의미에 분위기를 덧붙이는 배경으로 물러난다.

하지만 클래식에서는 감정이 자아를 기다리지 않는다. 리듬의 긴장과 이완, 음색의 온도, 음정의 미세한 흔들림은 판단 이전에 작동한다. 자아가 상황을 이해하기도 전에, 감정은 이미 반응을 마친다. 그래서 클래식

앞에서 우리는 종종 속수무책이 된다. 이해하지 못했는데도 감동이 먼저 찾아오는 이유가 여기에 있다.

그러나 이 현상은 몇 마디 말로 설명될 수 있는 문제가 아니다. 클래식의 깊이를 제대로 이해하려면, 소리가 어떻게 감정 회로를 자극하는지, 그 생물학적 기전을 함께 바라봐야 한다. 이것은 음악 이론을 넘어, 인간 내부에서 감정이 생성되고 해석되는 방식 자체를 탐구하는 일이다.

따라서 클래식에 대한 '언어적 해명'이란, 곡의 줄거리나 작곡가의 의도를 설명하는 데서 끝나지 않는다. 그것은 생명의 구조에 대한 통찰을 바탕으로, 소리가 어떻게 마음을 흔들고 왜 특정 순간에 감정이 깨어나는지를 밝히는 작업이다. 이 설명이 가능해질 때, 클래식은 비로소 이해의 영역으로 들어온다.

결국 클래식은 단순히 귀로 듣는 음악이 아니다. 그것은 인간의 내면과 직접 접속하는 음악이다. 클래식을 이해하는 여정은 소리를 듣는 행위에서 출발해, 오랜 진화의 시간 속에서 축적된 감정의 본질을 향해 나아간다. 그리고 그 끝에서야, 우리는 이 음악이 왜 이토록 깊은 흔적을 남기는지 조용히 알아차리게 된다.

지금까지는 클래식을 이해하기 위한 개론 정도의 준비운동이었다.

이후부터 클래식의 의미를 본격적으로 설명하는 장으로 접근한다.

소리를 기억하고 의미를 새긴 다음, 그 의미를 반복적으로 해석해야 하는 이유를 지나, 클래식의 형이상학이 무엇인지를 단계적으로 진행해 나아간다.

클래식은 지식이 아닌,
익숙해진 소리를 해석하는 음악이다

클래식이란, 소리 본연의 음색(Timbre)이 지닌 아름다움을 알아차리는 타고난 음악적 본능에 호소하는 예술이다. 악보 위에 차례대로 이어진 리듬과 박자, 화음의 조합이 악기를 통해 발현되어 살아 숨 쉬는 소리다.

청중은 작곡가들이 만들어 낸 그 음악을 듣고 또 듣는다. 시간이 흐르고 흘러 그 소리가 어느덧 귀에 익어버리면, 우리는 점점 그 음악 내면에 깃든 감흥을 알아차리게 된다. 이 뭉클한 '알아차림'이 바로 클래식이 선사하는 감동의 본질이다.

이 과정을 조금 더 풀어보자.

우리는 소리를 느끼는 타고난 본능만으로도 자연에서 발생하는 여러 소리를 즉각적으로 알아차린다. 나아가 악기들이 조직해 낸 변화무쌍한 소리마저 아무렇지 않게 감지해 내는 것을 보면 놀라울 따름이다. 하지만, 작곡된 음악이 그 자체로 저절로 아름다움을 뿜어내는 것은 아니다.

소리가 사람의 마음속으로 들어와 감동을 빚어내려면, 반드시 일종의 '학습' 과정이 뒤따라야만 한다. 변화무쌍하게 이어지는 소리의 울림이 우리 머릿속에 충분히 익을 만큼 기억으로 자리 잡아야 한다. 그래야만 비로소 우리의 감정이 소리를 제대로 해석해 내고, 서서히 벅찬 감흥이 밀려오게 된다.

도대체 왜 그런 걸까?

아주 오래전부터 인류가 소리의 비밀을 파헤쳐 온 방식이 그러했기 때문이다. 소리를 듣고, 반복해서 비교하며, 과거의 경험과 기억을 총동원하여 끝내 그 정체를 알아내고야 마는 순차적인 학습 절차다.

뇌과학에서는 이를 '예측 부호화(Predictive Coding)'라고 부른다. 우리의 뇌는 다음에 올 소리를 미리 마중 나가며 기다리는데, 그 예측이 기분 좋게 맞물릴 때 짜릿한 음악적 쾌감을 느끼는 것이다.

이것은 클래식뿐만 아니라 모든 장르의 음악에 공통으로 적용된다. 가창이 있는 대중음악 역시 여러 번 반복해서 청취해야 감흥이 점차 고조된다. 나도 모르는 사이에, 우리의 감정이 시간 간격을 두고 소리를 해석할 여유가 필요하기 때문이다.

음악 감정의 기원

단지 클래식은, 정교한 악보를 바탕으로 더 깊은 기억의 집중과 오랜 해석의 시간을 요구한다는 점이 타 음악과의 차이점일 뿐이다. 다시 말해 오래 들어야 하는 음악이며, 그만큼 오랫동안 사랑받을 수 있는 음악이다.

클래식이 한 시대를 스쳐 가는 유행 음악이 아닌 이유가 여기에 있다. 우리는 200년, 아니 500년 전의 음악조차 발췌하여 지금 이 시대에 기꺼이 되불러 듣고 있지 않은가?

그것은 클래식이 시대의 지엽적인 내용을 담지 않고, 인류가 공통으로 지닌 견고한 감성에 호소하는 음악이기 때문이다.

시대성을 담지 않았다는 것은, 음악의 내용이 현실의 구체적 대상을 반영하거나 흉내 내지 않았다는 의미다. 클래식은 언어로 말하지 못해 구체적인 시대상을 담을 수 없었지만, 역설적이게도 바로 그 무언(無言)의 특성 덕분에 영원한 음악이 된 것인지도 모른다. 이렇게 클래식을 오래 듣다 보면 나도 모르는 사이에 소리의 패턴들이 자연스레 익숙해지기 마련이다.

이는 문자를 터득한 사람만이 소설책을 읽을 수 있고, 책 속의 언어적 용법을 경험해 본 사람만이 이야기의 재미에 더 깊이 빠져드는 것과 같은 이치다. 언어의 세계가 그러하듯, 무언의 음악은 무언의 방식에 스스로 익숙해져야만 비로소 그 깊숙한 심연을 알아차릴 수 있다.

그렇다고 음악의 전개 과정을 모두 억지로 외울 필요는 전혀 없다.

그저 꾸준히 듣기만 해도, 소리를 담당하는 우리의 감정은 이 선율들을 무의식의 창고에 차곡차곡 기억해 둔다. 그리고 새로운 음악을 마주할 때 그 기억을 슬며시 가져와 나의 감정이 새롭게 해석하면서 깊은 음악적 즐거움이 발현된다.

이런 연고로 같은 곡을 오래 듣다 보면, 1악장이 끝나자마자 자동으로 2악장의 멜로디가 귓가에 미리 읊어진다. 굳이 외우려 하지 않아도 스스로 떠오르는 무의식적 기억이다. 생물학에서는 이를 '신경 가소성 (Neuroplasticity)'이라 부르며, 꾸준한 반복이 뇌의 신경 회로를 물리적으로 변화시킨 놀라운 결과다.

그러므로 음악을 학습하는 행위는 곧 음악감상 그 자체다. 감상은 다시 귀중한 경험으로 축적되어 새로운 음악을 해석하는 재료로 쓰인다. 이 순환을 거듭하며 우리의 음악적 식견은 점층적으로 높아진다. 우리가 아는 모든 장르의 음악은 한결같이 이런 과정을 거쳐야만 했을 것이다.

음악을 곁에 두고 반복하는 과정. 그 자체가 음악을 감상하는 삶이니, 무엇을 즐긴다는 것은 동시에 무엇을 거듭 해석하고 배워나가는 과정과 다름없다. 이것이 세상 모든 음악의 숙명이다.

이쯤에서 누군가는 이렇게 반문할지도 모른다.

"음반(CD, LP 등) 같은 기록 매체가 만들어지기 전, 옛날 사람들은 어쩌란 말인가? 그 시대에는 같은 곡을 반복해서 듣기가 쉽지 않았을 텐데?" 맞는 말이다. 연주회장에서 같은 곡을 거듭해서 무대에 올리는 데는 어쩔 수 없는 시대적 한계가 존재했다.

그래서 베토벤 말기의 난해한 피아노 소나타나 현악 사중주곡은 당대 청중들로부터 외면당할 수밖에 없었다. 그런 곡들이야말로 훨씬 많이 거듭해서 들어야 비로소 해석되는 곡들이었으니까. 이런 제약 때문에, 현대 미디어 시대의 사람들과 그 이전 시대의 사람들은 음악을 대하는 자세부터가 근본적으로 다를 수밖에 없었다.

옛날에는 새로운 곡을 접하는 짧은 경험만으로는 음악 해석의 친밀도가 턱없이 낮았을 것이다. 낯설고 거대한 음악이 쏟아질 때, 당시 청중에게 베토벤의 곡은 뇌가 처리할 수 없는 정보, 즉 '엔트로피(Entropy)'가 너무 높은 소음이었을지도 모른다. 다행히도 오늘날 우리는 수없는 반복을 통해 어떤 음악과도 친밀해질 수 있는, 참으로 행복한 시대를 살고 있다.

베토벤과 동시대를 살았던 이탈리아 고전주의 작곡가 주세페 캄비니

(Giuseppe Cambini)가 베토벤의 초기 교향곡 1, 2번을 두고 남긴 평가는
이를 아주 생생하게 보여준다.

> "이제 그는 독수리의 위엄 있는 비행을 한다.
> 그러고 나서 괴기스러운 길을 따라 살금살금 이동한다.
> 달콤한 우수로 영혼을 꿰뚫어 본 뒤 야만적인 화성 다발을 앞세
> 워 이것을 곧 찢어발긴다.
> 그는 비둘기와 악어를 동시에 품고 있는 듯하다."
>
> (니콜라스 쿡, 『음악에 관한 몇 가지 생각』 인용)

캄비니의 묘사는 이전 작곡가들과 구별되는 베토벤 음악 특유의 급작
스러움, 불연속성, 그리고 연결의 모순을 지적한다. 전문 작곡가의 시각
마저 이러했으니, 그 시대의 일반 청중들은 오죽 당혹스러웠을까? 지금
들으면 그다지 파격적이지도 않아 보이는 교향곡 1, 2번조차도 말이다.

지금의 시대에서는 이런 비판을 듣기가 매우 어렵다. 그 '급작스러움'과
'모순' 등은 실은 익숙하지 않음에서 비롯된 것인데, 같은 작품을 반복 공
연하기 어려운 그 시대의 공연 문화에서는 이를 깨달을 기회가 매우 부
족했기 때문이다.

말러의 교향곡 제1번 「거인」(1889년 부다페스트 초연)은 어땠을까?

참담한 실패였다. 장엄하고 비극적인 선율 사이에 시끄러운 시골 밴드의 음악이나 기괴한 장송 행진곡이 불쑥 섞여 들어오자, 청중과 평론가 모두가 그 의도를 이해하지 못하고 혼란스러워하며 야유를 보냈다. 그때 당시에 오디오 매체가 있었다면, "반복 청음 해보니 괜찮은 작품이었네!" 하며 오해가 빠르게 사그라들었을 것이다.

누군가는 또 이렇게 반론할지도 모른다.
"그 시대는 아직 그런 음악을 받아들일 준비가 안 된 시대였잖아?"
하지만 과연 그럴까? 음악을 듣고 수용하는 진짜 주체가 누구인가? 바로 우리의 '감정'이 아니던가? 500년 전이나 지금이나, 감정을 느끼는 메커니즘은 달라진 게 거의 없지 않은가.

아주 확실한 증거가 있다.
바로 이 시대의 애호가다. 그들은 아무런 시대사조가 필요 없는 듯, 수백 년 역사의 음악을 다 소화하고 있지 않은가? 이것이 오디오의 힘이다.

우리 '감정' 속에는 후천적인 지식을 논리적으로 받아들이는 공간이 없다. 그러니 시대의 유행이나 사조의 흐름이 음악을 억지로 이해하게 만들 수는 없는 노릇이다. 어떤 파격적이고 혁명적인 음악이라 할지라도 계속 반복해 들려주면, 감정은 어떻게든 길을 찾아내어 그 소리를 해석해 내고야 만다. '해석한다'라는 말은 곧, 음악을 지루하지 않게, 재미있게 받아들이는 중이라는 뜻이다.

결국 축음기와 라디오라는 '오디오 매체'의 발명은 단순히 음악을 편리하게 듣게 해준 것을 넘어, 인간이 복잡하고 난해한 소리의 구조를 반복 학습하여 음악적 인지 능력을 진화시킬 수 있도록 만든 거대한 혁명이었다. 말러 사후 50년쯤 지나서 1960년대에 이르러서야 음반 산업의 폭발적 발전과 함께 비로소 '말러 르네상스'가 일어난 것도 결코 우연이 아니었다.

단언컨대, 사람들은 말러 음악을 연주회장에서 즉시 깨달은 것이 아니었을 것이다. 레코드판을 수없이 들어가며 귀에 익어서 좋아진 그 음악을, 더욱 생생하게 확인하려고 연주회장을 찾는 경우가 더 많았을 것이다. 만약에, 그 음악을 이해하려고 오직 연주회장에서만 깨우치기를 원한다면, 과연 몇 번이나 연주회장을 찾아야 깨우치게 될까?

그러니 오직 거창한 사전 지식이나 누군가의 조언 없이도, 열심히 그 음악으로 들어가 음을 따라가며 듣기를 거듭하는 것이 음악감상의 거의 전부다. 이성적인 자아가 알아차리기에 앞서, 직관적인 감정이 먼저 음을 빠르게 해독한 후 그 느낌을 자아에 전달하는 것이, 우리 인지 구조의 자연스러운 순서이기 때문이다. 음악을 이성적으로 이해하려는 지식이나 경험은, 비스킷의 작은 한 귀퉁이만큼 미미한 것으로도 충분하다.

이렇듯 음악의 시대적 구분을 막론하고, 모든 음악이란 본래부터 오래도록 곱씹으며 반복하는 예술이다. 우리가 접하는 대부분의 클래식 명곡이 하나의 곡 안에서 주제(Thema)의 반복과 변형(변주)을 통해 멜로디를 거듭 학습시켰다는 사실을 간과해서는 안 된다.

그래야만 진정한 음악적 아름다움이 발현된다는 음악 역사의 굳건한 경험 축적이 있었고, 오늘날 과학의 발전에 이르러서야 비로소 그 마음 속의 비밀을 해석된 문자로 명확히 이해할 수 있게 된 것이다. (반복의 중요한 의미가 이후로 뇌과학을 통해 구체적으로 설명된다.)

클래식 입문자들이 흔하게 경험하는 딜레마가 있다. 특정 음악을 겨우 2~3번 정도 듣고는 "이게 뭐야? 도무지 못 알아듣겠네!"라고 말하곤 하지 않던가. 이 반응이야말로, 아직 그 음악이 기억 속에서 충분히 각인될 물리적 시간이 부족했음을 보여주는 가장 확실한 방증이다.

결국 음악은 들으면 들을수록 그 깊은 울림이 마음속에서 만개하며, 우리는 그 벅찬 감동 속에서 자신만의 고유한 음악적 여정을 완성해 간다.

그러니 난해한 음악을 온전히 이해하는 데는 때로는 수개월, 혹은 몇 년의 기나긴 세월이 걸리기도 한다. 하지만 여기서 실망하면 안 된다. 그 오랜 세월이란, 고통스러운 공부의 시간이 아니라 음악을 오롯이 즐기면서 깨우쳐가는 행복한 세월이니까.

  이렇게 음악을 감상하면서 꾸준히 해석에 해석을 더하여 상상하는 즐거움은, 끝내는 그 음악 속에 숨겨진 모든 아름다움을 우리 앞에 남김없이 드러내고야 말 것이다.

  다음의 이야기는 조금 더 가파른 길이다.
  음악의 형이상학을 더 쉽게 설명하려고 애쓰는 중이다.

Intermezzo: 인공지능 시대의 등장

원고를 집필하는 여정의 한가운데서, 인공지능(AI)이라는 거대한
물결이 세상에 등장했다.

이제 방대한 문헌의 숲을 헤매며 논거를 증명해야 했던 수고로움
은 과거의 몫이 되었다. 책을 쓴 저자의 이력이나 권위 역시 더는
중요한 잣대가 아니다. 독자는 오직 책이 전하는 논리의 흐름에
만 온전히 집중하면 된다. 읽는 도중 피어나는 의문이 있다면, AI
와의 손쉬운 만남을 통해 즉각적으로 해소할 수 있으니, 그야말
로 지식을 탐구하는 방식에 혁명적인 시대가 도래한 것이다.

물론 아직은 정보 검증 과정에서 간혹 문제점들이 발견되기도 하
지만, 이 역시 점차 조화롭게 개선되어 나갈 것이다. 이러한 시대
적 흐름에 발맞추어, 본문과 맞닿아 있는 주요 논문과 과학적 근
거들을 짧게 요약해 두었다. 독자들이 언제든 이 길잡이를 따라
AI와 함께 더욱 세밀하고 깊이 있는 탐구를 이어갈 수 있도록 돕
기 위함이다.

51

다행스럽게도, 이 책의 이야기들은 단편적인 원리나 현상 하나에만 머물지 않는다. 부족하지만 하나의 논리가 다음 논리와 유기적으로 이어지게 되었기에, 이 책이 품고 있는 나름의 의미가 대로를 크게 벗어나지 않았을 것이라는 기대를 조심스럽게 점쳐본다.

참고 문헌은 두 가지 검색엔진으로 교차 검색하여 각 소제목의 뒤에 소개해 놓았다. 이를 전문적으로 검색하면 좀 더 세밀한 내용을 확인할 수 있을 것이다.

Prelude

겉보기엔 오디오 앞에서 한가하게 음악을 감상하는 것 같지만, 실상 우리의 머릿속은 지금 치열한 '정글 생존 모드'를 가동 중이다. 무의식은 빠르게 쏟아지는 소리를 분석하느라 식은땀을 흘린다. "잠깐! 이 저음(Cello)의 소리는 뭐지…." 몸속의 수많은 소리의 파편들을 빠르게 조립해 본다. 그리고는, 마음속에서는 해석이 맞으면 "휴, 해냈다! (쾌감)" 하며 도파민을 뿌리고, 틀리면 "아차! (불안)" 하며 스트레스를 준다. 그러니 음악은 상상만으로는 안 된다. 우리의 깐깐한 뇌는 귀청을 때리는 오직 '실제의 파동'만을 진짜 소리로 쳐주기 때문이다.

음악의 아름다운 감흥은
기억의 연상(상상)작용이다

우리는 음악을 들을 때 의식적으로 분석한다고 느끼지 않는다. 실제로는 무의식 속 깊은 기억들이 끊임없이 깨어나며 소리를 해석한다. 소리를 이해하려는 본능은 본래 생존을 위해 진화한 학습 기제이며, 이는 음악이 우리에게 감동을 건네는 근본 원리와 맞닿아 있다. 감정은 소리를 기억하고 다시 해석하며, 그 과정에서 새로운 감흥을 만들어낸다. 그것은 애써 기억하려 하지 않아도 나도 모르게 자연스럽게 작동하는 무의식적 기억 행위다.

다만, 이 연상작용은 반드시 현실에서 귀로 직접 들은 소리에서만 시작된다. 악보의 코드를 읽듯 머릿속으로 떠올린 관념의 소리는 아직 음악이 아니다. 공간에 울리고 몸에 스며드는 실제의 소리만이 오롯이 감정을 움직인다.

우리가 즐기는 모든 예술 행위는 결국 학습된 기억의 축적이다. 생명체는 외부의 소리를 해석하지 않으면 살아남을 수 없었고, 그래서 단 한 순간도 방심하지 않고 소리에 귀를 기울여야 했다. 깨어있는 동안 우리의 신체는 지금도 쉼 없이 소리를 해석한다. 과거의 정글에서는 일 초의 방심이 생사를 갈랐을 것이다.

외부 소리의 해석이 끝나면 안도와 희열이 보상처럼 따라온다. 반대로 해석이 어긋나면 막연한 불안이나 무료한 지루함이 밀려온다. 이것이 음악 감정이 작동하는 가장 기본적인 구조다. 해석하는 행위는 곧 상상하는 정신작용이며, 음악감상의 또 다른 이름이다.

음악을 듣는 동안 우리는 외부의 소리를 마음속 경험의 기억들과 비교하며 감정의 밀도를 차곡차곡 쌓아 올린다. 며칠 전 들었던 베토벤의 피아노 협주곡 제5번 「황제」를 다시 들으면, 이미 저장된 기억 위에서 감정은 나도 모르는 사이에 재평가(해석)를 시작하고, 그 음악은 점점 더 깊게 스며든다. 작곡가들이 주제(Thema)를 반복하는 이유도 여기에 있다. 거듭할수록 해석의 밀도가 높아지기 때문이다.

그렇다면 이런 질문이 떠오른다.
이제 「황제」를 더 듣지 않아도, 이미 쌓인 기억만으로 감흥을 계속 키워낼 수 있을까? 그건 불가능하다.

감정은 반드시 먼저 들은 곡의 기억과 시간이 흐른 뒤 다시 듣는 같은 곡의 반복 청음을 통해서만 확장된다. 시간 간격이 필요한 이유는 무의식이 해석할 시간을 벌기 위해서다. 한자리에 앉아 같은 곡을 계속 반복해 본들, 곧 지루해지기만 할 뿐이다. 소름 돋게도, 우리의 두뇌는 시간 여유만 있으면, 나도 모르게 그 음악을 해석하고 있다.

그래서 음악 감동은 들은 만큼만 커진다. 반드시 청음을 실현하는 물리적 공연(Performance)이 있어야 감흥이 발생하기 때문이다. 이것은 생명이 현장학습을 통해서만 감각을 단련하기 때문에 그러하다.

또 하나의 본능적 학습 방식이 있다. 우리는 종종 예전에 들었던 멜로디를 문득 떠올려 흥얼거릴 때가 있다. 이것은 우연이 아니다. 감정이 음악을 익히기 위해 벌이는 자체 공연(Self Performance)이다. 머릿속에 떠오른 소리를 입으로 꺼내고, 다시 귀로 되돌려 듣는 작은 순환이다.

때로는 내가 부른 노래에 나 스스로 감탄하기도 한다.

이 자체 공연의 중심에는 '거울신경원(Mirror Neurons)'이 있다. 이 신경세포는 내가 직접 행동할 때뿐 아니라, 타인의 행동을 관찰하거나 머릿속으로 상상할 때도 동일하게 활성화된다. 음악을 흥얼거릴 때 뇌는 거울신경원을 통해 내가 직접 연주하고 노래하는 것과 같은 상태를 시뮬레이션한다. 그 순간, 마치 거울을 보는 것처럼 '듣는 나'와 '연주하는 나' 사이의 벽이 허물어지며, 소리는 온몸의 감각으로 체화된다. 내가 부른 노

음악 감정의 기원

래에 내가 감동하는 이유가 바로 여기에 있다.

이렇듯 신체가 스스로 공연하는 이유는 분명하다. 감정의 궁극 목적은 세상을 체험하고, 그 경험을 바탕으로 생명이 신중하게 행동하도록 만드는 데 있기 때문이다. 생각만으로는 감각신경이 단련되지 않기에, 끊임없이 자기 공연을 반복하며, 감정은 자아(Ego)도 모르는 사이에 육체를 현실에 동조시킨다.

이것은 소리뿐 아니라 미각, 후각, 촉각, 시각 모두에 해당한다. 이렇게 세련된 감각은 세상을 오판하지 않도록 경험을 누적시키며 생명을 보호한다. 아이들이 끊임없이 몸을 움직이고 혼잣말하며 노래하는 것 역시 생존 학습을 위한 무의식적 훈련의 일부다. 이 모든 행동은 감정이 자아 몰래 수행하는 생존의 몸짓이다. 그렇기에 공연 없이는 감흥도 만들어지지 않는다. 음악 감정 역시 태곳적 가르침 그대로 소리를 경험하고 해석한다.

그러니 어떤 음악이 점점 더 좋아진다는 것은, 그 음악을 계속 듣고 있다는 뜻이다. 감동은 청음의 순간에 과거의 기억을 불러와 비교하듯 재평가하며 만들어진다. 기억이 없다면 감흥도 없다. 클래식의 감동이란 공연 기억의 연상작용이며, 상상하는 해석의 과정이다.

상상력이란, 문제를 풀기 위해 머릿속 경험 지식을 총동원하는 예측의 정신작용이다. 음악을 반복해 들으며 이 상상력이 정교해질수록 우리는 점점 더 많은 아름다움을 발견한다. 현실의 한계를 벗어나 상상이 깊어질수록 음악은 현실보다 더 넓은 세계로 확장된다.

과거에 베토벤의 바이올린 협주곡을 처음 들었을 때도 그랬다. 처음에는 쉽게 다가오지 않았다. 일주일 뒤 다시 들었을 때 희미한 기억이 떠올랐다. 그 순간부터 감정은 이전의 청음과 현재의 소리를 비교 해석하기 시작한다. 놓쳤던 부분을 찾아 채우고, 이해되지 않았던 대목은 며칠 후 다시 들어 완성한다. 그렇게 반복하는 사이 감흥은 서서히 올라온다. 마치 퍼즐이 맞춰질 때 느끼는 환희처럼.

왜 좋게 느껴졌을까?

감정이 나도 모르게 해석을 끝내가기 때문이다. 만족스러운 해석은 즐거움으로 보상된다. 자아는 그 이유를 정확히 설명하지 못할지라도, 나도 모르는 사이 이미 음악을 즐기고 있다.

누군가 질문했다.

베토벤은 귀가 들리지 않아도 위대한 음악을 만들지 않았느냐고.

그러나 그는 보청기를 끼우며 끝까지 실제 소리를 들으려 애썼다. 그가 남긴 악보는 치열한 논리의 산물이었지만, 연주되어 울릴 때야 비로소 음악이 된다. 만약 그가 자신의 작품을 온전히 들을 수 있었다면, 그

음악 감정의 기원

감동은 훨씬 더 생생했을 것이다.

결국 음악의 감흥은 기억, 해석, 그리고 그 사이를 잇는 상상력이 상호 작용한 결과다. 클래식을 설명하며 반복을 강조하는 이유도 여기에 있다. 익숙해져야 한다는 이 단순한 진실 속에, 음악 감정의 결과물 거의 전부가 들어 있기 때문이다.

거울신경원(Mirror Neuron) 이론은 이 책의 '자체 공연'을 설명하듯, 책 전반에 걸쳐 인용되기에 그 이론을 요약한다.

이탈리아 파르마 대학교의 뇌과학자 자코모 리촐라티(Giacomo Rizzolatti) 교수는 1990년대 초, 그의 연구팀이 마카크 원숭이 실험을 통해 이 신경세포의 존재를 처음 발견하고 '거울신경원'이라고 이름하였다.

1. 관찰과 실행의 신경학적 일치(동시 활성): 타인의 특정 행동을 그저 '관찰'하기만 해도, 자신이 직접 그 행동을 '실행'할 때와 완전히 동일한 뇌의 신경세포(운동 피질)가 활성화된다.

2. 완벽한 내적 시뮬레이션(가상 재현): 육체적인 움직임은 물리적으로 억제되어 있더라도, 뇌 속에서는 관찰한 행동을 실시간으로 똑같이 흉내 내는 정교한 '가상 현실(시뮬레이션)'이 가동된다.

3. 공감과 감정 전이의 생물학적 토대: 단순한 근육 동작의 모방을 넘어, 타인의 표정이나 행동 이면에 깔린 '의도'와 '감정'을 마치 내 것인 양 직관적으로 느끼고 이해하게 만든다.

4. 청각 정보에 의한 강력한 촉발(음악과의 교점): 시각뿐만 아니라 특정 행동과 연관된 '소리(예: 피아노 타건 소리 등)'만 들어도 거울신경원이 강력하게 작동하여, 그 소리를 만들어내는 연주자의 육체적 움직임과 감정 상태를 뇌 속에서 즉각적으로 재현한다.

* 소리 본능: 태생적으로 소리를 알아차리는 능력으로, 이 책의 고유명사다.

* 소리 해석과 생존(Auditory Scene Analysis): 인류의 조상에게 소리는 보이지 않는 위협(포식자)이나 기회(먹잇감)를 식별하는 도구였다. 소리를 해석하지 못할 때 느끼는 '무지의 공포'는 생물학적으로 '편도체(Amygdala)'의 방어 기제의 일환이다.

* 보상 체계와 도파민: 해석이 완료되었을 때 느끼는 희열은 뇌의 '복측 선조체(Ventral Striatum)'에서 분출되는 도파민 보상과 연결된다. 무질서한 소음 속에서 '패턴(음악)'을 찾아내는 것은 뇌에는 '문제해결'이며, 뇌는 이를 생존에 유리한 행동으로 간주해 쾌락을 내보내게 된다.

음악 감정의 기원

『어린 왕자』 이야기를 투영한 클래식의 이해

입문자에게 좀 더 친숙하게 다가가기 위해서 쉬운 방법을 찾던 중 『어린 왕자』가 떠올랐다. 음악이 반복 청음으로 완성된다는 주장에 의구심이 생긴다면, 친근한 『어린 왕자』를 통해 절차적 반복 의식(Rite)이 어떻게 나날이 새로움을 만들 수 있는지 이 책이 보여준다.

『어린 왕자』 이야기를 살펴보면, 책의 서두에 나오는 보아 구렁이 이야기나, 어린 왕자가 생텍쥐페리에게 조르듯이 양(Sheep)의 그림을 그려달라는 이야기, 또 오래된 집에 숨겨진 보화 이야기가 나온다.

그런데, 세 가지 이야기는 글의 줄거리와는 별 상관이 없는 듯 불쑥불쑥 별개로 튀어나온다. 생텍쥐페리는 세 가지 상상력과 무엇을 연관 지으려 했을까? 『어린 왕자』는 상상력을 깨우치라고 다그치듯 세 번이나,

또 그림으로 책 전체에 경종을 울린다. 그 상상력으로, 이번에는 21장의 여우 이야기에 나오는 의식(Rite)과 연결해 보면, 의식과 상상력은 아주 필연적인 연결고리를 맺고 있다.

인류는 절차적 의식(Rite, Ceremony)에 매우 특화된 존재다.

태곳적부터 하늘을 향한 제사 의식을 거행하며 경건함과 신성성을 담아낸 채 치러진 의식 행위는, 필연적으로 상상력을 작동시켰다.

상상력이란, 경건함과 신성성을 고양하는 것 자체가 상상력이다.

경건함과 신성성은 형이상학의 모호함이지만, 이 모호함이 세상의 모든 것을 복속시킬 것 같은 엄숙함이요 힘이 있는 전율이다.

제사 규모의 장대함과 기나긴 절차적 의식 행위, 그리고 똑같이 해마다 일정하게 '반복'될수록 제사 의식의 권위는 점점 더 높아만 간다.

그래서, 상상력의 반복은 믿음을 만들고 신념의 힘을 길러낸다.

이런 의식의 파편들이 오늘날까지 대물림되어 우리 삶의 곳곳에서 헤아릴 수 없이 많은 의식이 행해지고 있지 않은가? (돌잔치, 생일잔치, 입학식, 졸업식, 결혼식, 등등, 백 가지도 넘는 이 행동들의 숨은 본심이 무엇일까?)

음악도 이같이 수십 년을 연마해 왔을 뛰어난 기악의 장인들이 모두 모여 지휘자와 일사불란하게 치러지는 공연이듯, 제사 의식의 절차와 조금도 다름이 없으니, 그렇게 정교한 짜임새로 만들어진 소리를 미디어

음악 감정의 기원

매체로 기록하여, 반복 청음된 상상력의 극대화가 바로 음악적 제사 의식이다.

『어린 왕자』의 마지막 그림인 사막의 별 있는 밤하늘은, 아련한 그리움과 걱정과 미완의 신비로움을 통해 독자의 상상력을 한껏 고양한다. 매번 똑같아 보이는 행위가 새롭게 느껴지는 이유는, 반복으로 상상력이 더해진 결과다.

음악도 마찬가지로 감정을 자극해 새로운 해석과 감동을 계속하여 점층적으로 발현한다. 이것이 상상력과 감정의 새로운 차원을 열어주는 열쇠다. 이는 우리가 『어린 왕자』를 통해 이해할 수 있는, 거듭된 의식에서 발견되는 신비롭고 아름다운 진리다.

다음 장부터는, 음악의 신비스러운 감흥의 정체가 서서히 모습을 드러내기 시작하는 지점이다.

이제 클래식의 감상법을 넘어서, 음악의 본질을 여행하는 데 필요한 개념들을 하나씩 정립하려 한다. 이는 단순한 용어의 나열이 아니라, 이후의 논의들이 생물학과 음악의 통섭이라는 새로운 지평에서 작동하도록 마련하는, 일종의 사전(事前) 구축이다. 뒤이어 등장할 개념들 가운데 상당수는, 기존 음악학의 언어에서는 찾아보기 어려운 말들일 것이며,

그만큼 음악을 '과학'이라는 새로운 시각으로 바라보려는 철학적 시도가 담겨있다.

이 시도는 결국, 음악을 '음악 자체'라는 좁은 경계에서 벗어나 생명이라는 더 큰 렌즈로 비추어 보려는 움직임이다. 음악이 울릴 때, 그 소리는 결코 악보와 악기의 세계에만 머물지 않는다. 그 반대편에서, 그 소리를 받아들이는 인간의 마음속에서는 도대체 무슨 일이 일어나고 있을까? 바로 이 물음이, 앞으로 펼쳐질 긴 여정의 출발점이다.

지금까지의 이야기가 음악을 듣는 방법을 설명한 것이라면, 드디어 다음 여정부터 본격적인 소리의 세계가 펼쳐진다.

이제부터 음악은 설명해야만 하는 단계로 진입하였다.

Prelude

베토벤 교향곡 제3번 「영웅」 1악장의 포문을 여는, 그 유명한 두 번의 강렬한 E♭장조의 '짠~짠~' 화음을 나는 아직도 잊지 못한다. 반세기에 걸쳐 숱한 음악을 들어왔지만, 유독 이 소리만큼은 어디서도 들어보지 못한 독보적인 '울림'이었다. 덕분에 그 짧은 진동이 느껴지면, 단 1초도 망설임 없이 그것이 「영웅」임을 알아차린다. 참 오묘한 일이다. 나의 기억 어느 깊은 구석에, 이 짧은 소리의 독특한 파편이 잠자고 있었을까?

감정은 소리를 파편으로 수집한다:
생존을 위한 속도전

소리를 듣는다는 것은, 그리고 그것을 인식한다는 것은, 단순한 물리적 현상이 아니다. 그것은 허공에 뿌려진 바깥세상의 파동을 낚아채, 내 몸 안의 '사건'으로 번역해야 하는 치열한 생명의 작업이다.

뇌는 태어난 순간부터 본능적으로 세상의 모든 소리를 사냥하고 수집해 왔다. 어머니의 심장박동, 바람의 휘파람, 맹수의 포효…. 이 경험하는 소리가 몸속의 도서관에 빽빽하게 꽂혀 있어야만, 바깥의 낯선 선율을 서로 비교해 가며 익숙한 공포나 환희를 골라내고, 음악을 '세련된 언어'로 이해할 수 있기 때문이다. 즉, 뇌가 소리를 수집하는 것은 취미가 아니라, 세상을 인식하고 살아남기 위한 가장 필연적 본능이었다.

하지만 이 방대한 소리를 있는 그대로 전부 저장하려면 뇌의 용량이 남아나지 못한다. 그리고, 더 절실한 문제는 '속도'에 있다.

생명의 세계에서 '시간지연(Latency)'은 곧 죽음을 의미한다. 숲에서 바스락거리는 소리가 들릴 때, 그것의 주파수와 음색을 모두 분석하느라 시간을 지체하면, 바로 잡아먹히고 난 뒤다. 그래서 감정은 생존을 위해 결단을 내렸다.

"전체를 보지 마라. 오직 특징적인 '파편(Fragment)'만 수집하라.

똑같은 파편은 의미 없으니 버려라. 기억할 게 많으면 느려지니까."

자아가 고해상도의 전체 영상을 내려받느라 버퍼링에 걸려 있을 때, 감정은 거친 섬네일(Thumbnail) 같은 파편 하나만 보고도 0.01초 만에 몸을 튕겨 나가게 만들어야 한다.

따라서 감정은 소리를 '생존 신호의 숏폼(Short-form)'으로 잘게 쪼개어 저장한다. 그래서 감정은 사건의 긴 서사를 기억하지 않는다. 대신 그 순간 가장 강렬했던 '짧은 파편'만을 추출하여 압축한다. 마치 두꺼운 책을 통째로 외우는 게 아니라, '핵심 키워드(해시태그)' 하나만 남기는 것과 같다. 그래야 나중에 비슷한 소리(파편)가 들려왔을 때, 뇌의 도서관을 모두 뒤지는 긴 시간지연이 필요 없이 즉각적으로 그 기억을 소환하여 행동으로 옮길 수 있기 때문이다.

한편으로는, 감정이 이 파편들만을 또는 핵심의 실마리만을 조합해 사건을 역으로 추론하는 능력은, 수만 세대를 거쳐오며 아주 영리한 추론을 하도록 진화하였다. 이 추론은 예측하는 추론이며, 동시에 상상하는 추론이다. 그 추론은 실제로 벌어지는 사건 현장을 최대한 있는 그대로의 적확한 추론을 해야만, 생존확률을 높이게 된다.

또 한편, 뇌과학에서는 인간의 뇌를 '인지적 구두쇠'라고도 부른다. 그것은 위급 상황을 대비해 에너지를 비축하는 고도의 생존 전략 때문이다. 이때 감정은 그 전략의 주인이다. 감정은 자아(이성)가 정보를 다 처리하느라 과열되지 않도록, 미리 정보를 '최소한의 파편'으로 단순화하여 전달한다. 그러하니, 파편을 추론하는 것은 생체 에너지를 최소화하는 전략이기도 한 셈이다.

우리가 음악의 아주 짧은 '한 소절', 혹은 악기의 '작은 떨림' 하나만으로도 순식간에 눈물을 쏟는 이유는, 그 작은 파편이 방아쇠(Trigger)가 되어 과거에 압축해 놓았던 거대한 생존 정보를 일시에 추론하여, 순간적으로 재현하기 때문일 것이다.

결국, 이 소리의 파편들은 빠른 판단을 위한 생존의 메커니즘이다.

뇌가 바깥세상의 소리를 경험으로 수집하는 것은, 철저히 '파편'이어야만 했다. 정보를 최소한으로 줄여야만 생각할 시간이 없이 즉각 반응할 수 있기 때문이다. 이 '정보의 최소화' 전략 덕분에, 감정은 엄청 빠르게 신호탄을 쏘아 올려 생명을 구하고, 음악도 이에 슬쩍 편승하여 찰나에도 우리를 전율케 한다.

반면에, 인공지능을 보라. 거기에는 모든 서사가 빠짐없이 거대한 정보의 빅데이터에 저장되어 있다. 그곳에서 다시 정보를 찾으려면 기다란 시간의 지체를 감수해야만 한다. 인간의 뇌는 고작 20W(와트) 정도의 작은 에너지로도 작동하지만, 빅데이터는 메가와트급의 에너지를 사용하고도 시간을 지체하니, 생명의 효율성이 얼마나 경이로운지 감히 상상이 불가하다.

한편, 이렇게 소리를 짧게 파편화시키면, 그 주변의 서사가 사라져서 '비인과성'을 띠게 되니, 앞으로 전개될 '소리의 비인과성' 또는 '소리의 파편화'라는 말이 자주 나오더라도 당황하지 않기를 바란다.

그런 단어들은 감정이 바깥세상의 소리 정보들을 이런 방식으로 채집하기에 만들어진, 그냥 숙명 같은 단어들이기에 그러하다.

Prelude

며칠 동안 오직 한 가지 생각에만 골몰했다. 악기의 떨림을 알아듣고 그 이름을 불러주는 찰나, 우리 내면에서는 대체 어떤 일이 일어나는 것일까? 아마도 우리 마음 가장 깊은 곳, 아주 오래된 기억의 층위에는 소리의 씨앗이라 부를 만한 '최초의 울림'이 감각처럼 새겨져 있을 거란 생각을 해보았다. 어쩌면 무언가를 듣는다는 것은, 내 안에 잠자던 울림의 파편들을 찾아내서 거울에 비춰보듯 비교하고는 '이게 맞았다'라는 탄성을 올리는 과정인지도 모른다. 왜냐하면, 감정은 무엇이든 인식하려고 애쓰는 존재니까.

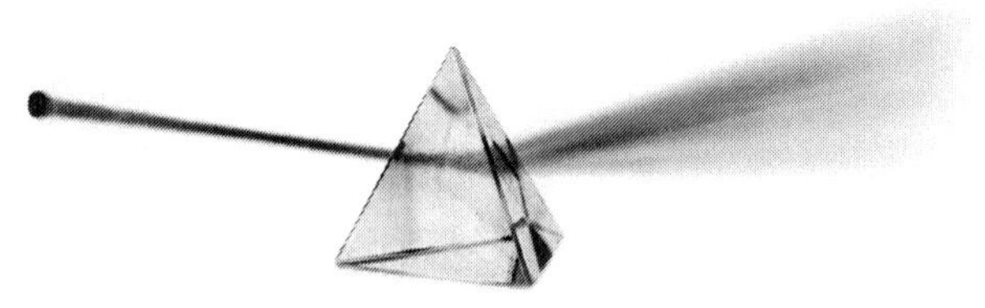

음악 감정의 기원

음악 감흥의 재료인 '복합음악감정'은 어떻게 누적되었나

소리의 파편화가 설명되었으니, 이제는 클래식의 감흥을 만들어내는 재료의 실체로 접근해 본다. 본격적인 이야기를 시작하기 전에, 이 책을 관통하는 핵심 단어의 개념부터 새롭게 정의해야 한다.

'복합소리감정'(MSE, Multilayered Sound Emotion)이다. 이는 삼라만상의 모든 자연의 소리를 설명하는 '현실'의 소리다. (왜 '복합'인지는 곧 설명된다.)

다음은 '복합음악감정'(UME, Unified Musical Emotions)이다. 이는 앞서 말한 '복합소리감정'에서 음악적 감동만을 추출하여 재조립한 '비현실'의 소리다. 이 두 개념이 명확히 구분되어야 진도를 나갈 수 있다.

'복합음악감정'은 음악을 해석하기 위해, 그동안 경험으로 축적된 자연의 현실, 즉 방대한 '복합소리감정'에서 인상적인 부분만 쪼개어 추출한 것이다. 그 특정한 파편이 음악을 이해하기 위한 재료로 쓰였을 때를 말하는 것으로, 감정에 의해 편집된 이차 결과물과 같은 것이다.

그렇다면 왜 소리 감정은 단순하지 않고 '복합적'으로 들리는가?

생명이 대상을 기억할 때는 경험의 정보를 많이 누적시킬수록 판단의 정확도가 올라가기 때문이다. 생명의 예리한 관찰력이 오감을 동원해 누적시킨 다중 정보, 그것이 바로 복합소리감정이다. 결국 '복합'이라는 말은, 하나의 대상 안에 여러 개의 감각과 느낌이 층층이 내재하여 있다는 의미를 말한다.

가령, '호랑이'라는 명사에 대응하는 감정을 만든다고 상상해 보자.

단순히 울음소리뿐만이 아니라 묵직한 발자국의 진동, 화려한 호피 무늬, 노려보는 눈매, 날카로운 발톱, 강인한 근육, 비릿한 체취까지… 호랑이를 특정하는 모든 요소를 오감으로 흡수하여 각각의 감정으로 누적한다. 이렇게 다수의 특징을 모아야만 대상을 정확하게 포착할 확률이 높아진다. (이때 공감각이 발휘되어, 시각이나 촉각 정보마저도 마치 소리의 느낌인 것처럼 복합소리감정으로 변환되어 기억될 것이다.)

그렇게 학습된 상태에서 어느 날 멀리서 호랑이의 '으르렁' 소리가 들려오면, 그때는 단순한 청각적 공포만이 아니라, 호랑이의 모든 특징(눈매, 근육, 발톱 등)이 반영된 복잡하고 입체적인 마음이 순식간에 몰아칠 것이다. 바로 이것이 호랑이에 대한 복합소리감정이다.

이런 식으로 삼라만상의 모든 대상을 누적시킨다면 그 복잡계가 얼마나 방대하겠는가? 한편으로 '호랑이'라는 명사형 안에는 "위험한 동물이니 조심하라"는 생존 메시지가 담기게 되고, 우리는 급박한 순간에 이 정보부터 먼저 떠올려 회피할 수도 있다.

원시시대 조상들은 밤하늘의 별자리, 지형, 천적 등 모든 정보를 스스로 숙지해야 했지만, 특히 소리에 절대적으로 의존했다. 왜냐하면, 인류 조상의 야행성이 소리에 의존한 과거와 사방에서 들려오는 신호를 미리부터 예측하기 쉬운 특성 때문이었다. 그래서 자연의 소리를 유독 더 깊이 경험으로 누적시켰다.

그런데 자연의 소리란 매우 복잡다단하다. 바람 소리 하나만 예로 들어도, 수백 가지의 환경 요인에 따라 얼마나 변화무쌍한 소리를 만들어 내는지 헤아릴 수 없다. 감정은 이 수십~수백 가지 바람 소리의 다양한 소리맵시(Timbre)를 전부 끌어다가 기억의 방에 누적시킨다. (물론 이때 바람이 피부를 스치는 촉각, 나뭇가지가 휘어지는 시각적 공감각도 모두 복합소리감정으로 함께 저장된다.)

그렇다면 이렇게 누적된 감정들은 어떻게 저장될까? 이 세상의 모든 것들은 명사형으로 이름을 지을 수 있다. 그 명사형은 언어일 수도, 비언어적 느낌일 수도 있다. 기억의 방에는 명사형 하나와 그에 해당하는 복합소리감정이 한 쌍씩 짝을 이루며 저장된다.

장미꽃을 떠올리면 화사한 향기의 느낌이 딸려오고, 등 뒤에서 으르렁 소리를 들으면 즉시 호랑이라는 공포가 발현되는 식이다. 이런 이중구조는 위기를 모면하거나 기회를 포착하기 위해 정보를 곧바로 찾아내려는 생명의 치밀한 설계 방식 때문이다.

놀라운 점은 뇌의 '범주화(Categorization)' 능력이다.

수백 개의 서로 다른 바람 소리가 들어와도, 감정은 이를 '바람'이라는 하나의 명사형으로 가두어버린다. AI의 딥러닝(Deep Learning)처럼 수많은 데이터의 가중치를 평균 내어 '가장 바람다운 느낌'이라는 하나의 총체적인 감정을 완성하는 것이다. 이 덕분에 우리는 난생처음 듣는 낯선 소리를 들어도, 기존의 경험 기억과 대조하여 "아, 저것은 바람 소리구나" 라고 창의적인 해석을 내리는 능력이다.

이제 '복합음악감정(UME)'으로 넘어갈 차례다.

그것은 자연에서 축적된 복합소리감정(MSE) 속에서, 특징적인 소리의 인상적인 부분만을 잘라내어, 파편화시킨 것이다. 감정에 의해서.

악기 소리가 들려오면, 감정은 일차적으로 머릿속의 자연 기억을 떠올려 비교한다. 그 순간 개개의 파편들이 악기의 소리에 달라붙으며 복합적인 음악 감정을 형성한다. 하지만 악기들의 소리는 자연의 소리와 똑같지는 않다. 비슷하겠지만, 여기저기서 제각각 파편화된 것들의 모임이기에, '현실의 소리'가 아닌 '비현실의 음악'이 된다.

이 파편 하나하나에 녹아든 복합음악감정은, 복합소리감정 속에서 가장 짜릿한 것만을 뽑아낸 진액(Essence)과 같다. 감정이, 상상하며 좋은 것만 골라냈을 테니까. 이것들을 모아놓으니, 클래식의 복합음악감정은 고흐(Vincent Van Gogh)의 그림처럼 강렬한 색채의 울림을 만들 수밖에 없다.

이렇듯, 우리의 뇌는 반드시 비교될 만한 소리의 원형이 있어야 새로운 소리를 판단한다. 그 최초의 원형이 바로 자연 속 현실의 소리다.

그러므로 소리가 파편화되는 이유는, 악기의 소리를 현실 속 자연의 소리에서 유사한 곳을 조금씩 떼어다가 누덕누덕 표현할 수밖에 없다. 악기의 소리에 딱 맞는 적합한 소리는 없을 테니, 비슷한 느낌을 이어 붙이며 가장 근사하게 맞춰내기에 '누덕누덕'이라는 표현을 사용한 것이다.

그리하여, 우리가 아는 모든 악기의 '복합음악감정'은 비록 처음에는 자연의 소리를 따왔겠지만, 인공으로 만들어진 악기이기에, 자연에는 없는 특별한 소리의 파편들로 새로이 만들어지게 된다.

이 과정에서. 파편화된 소리를 여기저기서 짬짬이 모아다가 악보를 진행하다 보니, 야단스러운 소리의 향연이 펼쳐지기는 하나, 파편끼리 서로 인과관계가 연결되지 못한다. 주제도 없이 방황하듯 누덕누덕 여기저기서 온 파편들이기에, 일관된 감정의 흐름은 쉽지 않다. 그것을 감정이, 새로운 음악의 인과성으로 재창출하는 다음 이야기로 넘어가게 된다.

결론적으로, 복합소리감정(MSE)은 자연의 소리요, 거기서 추출된 복합음악감정(UME)은 악기의 소리를 묘사하는 파편이니, 이것이야말로 클래식 감동의 재료로 사용된 형이상학적 소리의 실체다. 이것은 수천만 년을 이어온 소리의 비밀스러운 작동을 음악이 탈취하는 바로 그 현장이다. 그래서 최종 명제는 이렇게 정의된다.

"자연의 다층적 소리 감정(MSE)이 감정에 의해 파편으로 포착되고, 그것이 음악 속에서 통합되어 복합음악감정(UME)을 구현한다."
이같이 '복합음악감정'에 'Unified'를 사용한 이유는 무엇일까?
자연의 소리는 대개 짧고 파편적이지만, 음악의 소리는 악기의 순음이 지속되면서 서로 연결된다. 이러한 지속성은 멜로디와 화성을 형성하고, 그 속에서 음악은 하나의 질서를 갖게 된다. 그 결과 감정 역시 흩어지지 않고 하나의 흐름으로 조직되어, '복합음악감정(UME)'이라 명명하게 되었다.

마침, 이와 유사한 내용을 동양의 고전에서 찾아내 인용해 본다.

예기(禮記)의 예기악기제십구(禮記樂記第十九) 편에 나오는 문장이다.

심성이지음(審聲以知音) : 소리를 살펴 음을 알고. (자연에서 음
계를 뽑아내고)

심음이지락(審音以知樂) : 음을 살펴 악을 알며. (음계를 섞어서
음악을 만들고)

심락이지정(審樂以知政) : 악을 살펴 다스린다. (그 음악으로 마
음을 다스리니)

이치도비의(而治道備矣) : 다스리는 길이 완비되니. (음악이 모든
치유의 근본이다)

글쓰기를 잠시 멈추고, 큰형님의 권유로 당나라 시인 백거이의 「비파
행」을 읽어보았다. 한 사람의 인생 역정 속에서 음악의 영향력이 어떤 감
동을 줄 수 있을까? 삶의 굴곡을 악기와 같이 하는 가슴 에이는 비파행
의 여운이 메아리치듯 오래 이어졌다.

* 음악의 이치(理致): 바흐에서부터 근현대 음악에 이르기까지 수많은 작품을 오래도록 들
어오며, 음악의 흐름과 소리가 자연스럽게 해석되는 경지를 말한다. 처음에는 복잡하고
낯설게만 들리던 음악이, 어느 순간부터 아무런 노력 없이 자연스럽게 이해되고, 소리의
방향과 감정의 논리가 마치 '이미 알고 있던 것처럼' 들리기 시작할 때가 있다. 그때 비로

소, 우리는 음악의 이치를 깨달았다고 할 수 있다. 이것은 이론으로 배운 지식이 아니라, 오랜 청음 속에서 스스로 몸에 밴 음악의 이치를 일컫는 말로 쓰였다. 이 말은 또 다른 뜻으로, 대대로 누적된 음악의 형식을 말하기도 한다.

* '복합소리감정(MSE)'과 '복합음악감정(UME)'이라는 개념은 뇌과학적으로 볼 때 '다감각 통합(Multimodal Integration)'과 '추상적 패턴인식'의 원리를 바탕으로 하여 음악의 전개에 맞게 새로이 정의한 것이다.

한편, 복합음악감정은 소리 속에 다중의 감정을 숨기고 있다가, 음악을 만들어 공간으로 퍼지는 순간, 그 안에 숨어 있던 복합적인 감정을 밖으로 다시 풀어내게 된다. 그 이야기는 매우 중요하여 나중에 '파편화'의 개념을 심도 있게 펼쳐낼 때 다시 등장한다. 이제는 잠시 휴식을 취할 겸, 흥미로운 음악의 역사 이야기로 넘어가 보자.

음악 감정의 기원

Prelude

태초의 음악을 상상해 본다.

아득한 옛날, 아직 '음악'이라는 이름조차 없던 원시의 숲.

사냥과 채집을 마친 무리가 거처로 돌아가는 길, 대지를 딛는 무거운 발소리다. '쿵, 쿵.' 일정한 간격으로 땅을 울리는 이 투박한 소리는 생존을 위한 고단한 움직임이자, 심장박동의 연장이다.

그런데, 이 단조로운 반복 속에서 우연한 변주가 일어난다. 누군가의 발소리가 곁에 걷던 이와 엇갈리며 묘한 틈이 생겨난다. '쿵, 탁, 쿵, 탁.' 엇박자가 만들어낸 새로운 리듬이 피로에 지쳐있던 무리의 감각을 깨운다. 생존을 위해 걷던 무거운 발걸음은 어느새 모닥불 주위를 맴도는 활기찬 춤사위가 된다.

인류 최초 율동(Rhythm)의 음악, 생명이 먼저 두드렸다

태초에, 선율(Melody)은 없었다. 오직 두드림만이 있었다. 어머니의 자궁 속에서 10개월간 들었던 심장박동 소리, 그것은 인류가 세상에 태어나 가장 먼저 마주한 음악이자, 생존을 알리는 최초의 신호였다. 이 규칙성의 시작을 '율동(Rhythm)'이라 부른다.

인류의 음악사는 바로 이 율동에서 시작되었다. 뇌의 가장 깊은 곳, 생명 유지를 담당하는 뇌간(Brainstem)이 반응하는 이 단순한 반복은, 복잡한 이성의 산물이 아니라 생존을 위하는 처절한 본능의 산물이었다.

왜 인류는 선율보다 율동을 먼저 발견하였을까? 그것은 율동이 감상을 위한 '예술'이 아니라, 당장 닥쳐온 야생의 삶을 버텨내기 위한 '생존 도구'였기 때문이다. 원시 인류에게 음악은 거친 돌을 나르고 밭을 가는 고된 노동의 현장에서 시작되었다. 무거운 것을 짊어질 때 터져 나오는 "어기영차" 하는 소리는 호흡을 맞추고 근육의 고통을 잊게 해주는 마취제였다. 또한, 알 수 없는 자연의 공포 앞에서 신을 부르고 부족을 하나로 묶는 '제식의 마당'에서 율동은 필수적이었다. 북소리에 맞춰 무아지경(Trance)에 빠짐으로써, 그들은 두려움을 잊고 집단적 용기를 얻을 수 있었다.

그러한 율동은 단순한 몸놀림이다. 바로 이 '노동'과 '제식'이라는 태생적 기원 때문에, 율동의 음악에는 처음부터 '기승전결'이나 치밀하게 기획된 '이야기(Story)'가 담길 수 없었다. 아니, 그때는 담아낼 능력조차 없었던 시대였다.

소설을 읽듯 앉아서 감상하는 클래식과 달리, 율동은 땀 흘리고 몸을 부딪치는 '치열한 현실의 행위'였기 때문이다. 노동의 강도는 매 순간 변한다. 돌이 무거우면 박자가 느려지고, 일이 수월하면 빨라진다. 제식의 흥분 또한 예측할 수 없이 튀어 오른다. 신이 언제 내려올지, 사냥감이 언제 나타날지 모르는 상황에서 미리 짜인 '각본(악보)'은 무용지물이다.

따라서 율동의 음악은 필연적으로 '즉흥성'과 '반복'을 택할 수밖에 없었다. 이야기의 논리적 전개가 아니라, 그때그때 터져 나오는 감정을 즉각적으로 발산하고, 지치지 않기 위해 단순한 박자를 끊임없이 반복하

1부 클래식 음악의 시작

는 것. 그것이 노동과 제식에 적합한 유일한 형식이었기 때문이다.

그런 율동의 음악은 가장 현실적인 울림이라서 '형이하학적인 육체의 세계'였다. 이 음악에는 논리적인 문법이나 고상한 철학 대신, 거친 숨소리와 발 구르는 소리, 그리고 심장의 박동만이 존재한다. 그것은 미래의 구원을 노래하는 것이 아니라, 지금 여기에서 살아 숨 쉬고 있음을 확인하는 가장 원초적인 현실이었다.

이제, 거친 타격의 소리가 어떻게 맑고 투명한 감정의 선율, 순음의 세계로 진화하게 되었는지 그 신비로운 도약을 살펴볼 차례다.

* 처리 유창성 이론의 본질: 뇌는 에너지를 아낄 때 쾌감을 느낀다.

스위스의 심리학자 롤프 레버(Rolf Reber)와 동료들이 정립한 이 이론의 핵심은 인간의 인지적 경제성에 있다. 인간의 뇌는 본능적으로 에너지를 적게 소모하는 방향을 선호한다. 외부에서 들어온 정보(자극)가 복잡한 분석 과정 없이 뇌에서 쉽고 매끄럽게(유창하게) 처리될 때, 뇌는 이를 '성공적인 정보 처리'로 간주하고 일종의 보상으로 긍정적인 감정(Positive Affect)을 발생시킨다.

음악 감정의 기원

우리가 어떤 대상을 보고 "아름답다", "편안하다", "듣기 좋다"라고 느끼는 미적 쾌감은, 사실 그 대상 자체가 가진 절대적인 속성 때문이라기보다는 내 뇌가 그 정보를 얼마나 빠르고 수월하게 처리해 냈는가에 대한 인지적 반응인 것이다.

* 영국의 신경과학자 칼 프리스턴(Karl Friston)에 따르면, 생명체로서 뇌가 가진 단 하나의 지상 과제는 바로 '생존'이며, 생존을 위협하는 가장 큰 적은 '불확실성(엔트로피)'이다. 뇌는 이 불확실성을 줄이기 위해 매 순간 외부 자극을 예측(Prediction)한다.

* 소음과 순음의 차이: 불규칙한 소음(고 엔트로피)은 뇌의 예측을 계속 빗나가게 하여 극심한 스트레스를 유발한다. 반면, 규칙적인 순음이나 화성(저 엔트로피)은 예측이 쉬워 뇌에 생물학적인 안도감과 쾌감을 준다.

* 음악적 변주와 도파민: 완벽하게 예측할 수 있는 소리는 금세 지루해진다. 훌륭한 음악은 일정한 규칙으로 뇌의 예측을 돕다가, 의도적인 일탈(불협화음, 당김음 등)로 작은 예측 오류를 발생시킨다. 이 긴장감이 다시 안정적인 화음으로 해결(Resolution)될 때, 뇌는 불확실성을 극복한 성취감과 함께 폭발적인 쾌감(도파민)을 경험하게 된다.

Prelude

음악을 들을 때면, 아무런 근거도 없이 막연하게 밀려오는 그 진한 감동의 정체는 무엇일까. 나는 그 순수하고 투명한 '순음'에 매료되어, 그동안 수도 없이 오디오를 갈아치웠다. 잠시 뭐에 홀렸는지 값비싼 이어폰에 케이블까지 교체하니, 천만 원을 훌쩍 넘기기도 했다.

재미있게도, 악기의 소리를 가리키는 '악음(樂音)'을 사용하려 했더니, '악'이라는 어감이 이야기의 전개를 껄끄럽게 만들어 버렸다.

이에 깨끗하고 청명한 소리라는 의미로 정의한 '순음'으로 대치하였다. 그런데, 기악의 전공생들은 '악음'마저도 생소한가 보다. 아마도 그런 말을 입에 올릴 필요성이 없었을지도 모른다.

순음(Musical tone, 純音)의 출현이
음악 감정을 완성하다

왜, 악기 소리를 들으면 기분이 좋아지는지 생각할수록 묘하다는 느낌을 지울 수가 없다. 거친 자연의 어떤 소리보다 더욱 강하게 와닿는 이 소리를 인류의 어떤 과거가, 그 무엇이 이렇게 느껴지도록 만들었을까?

먼저, 본서에서 말하는 '순음(Musical tone, 樂音)'은 음향학적 의미의 'Pure tone'이 아니라, 배음을 포함하는 규칙적으로 진동하는 악기의 맑고 청명한 소리를 가리킨다.

인류의 기나긴 삶이란, 본래 맹수의 울음이나 폭풍 같은 잡다한 소음(Noise)에만 훈련되어왔을 것이다. 그런데 이제 막 문명의 역사에 갑작스럽게 등장한 악기의 순음에 이토록 깊이 감동하는 것은 도무지 이해되지 않는 신비일지도 모른다.

이유는 모른 채, 아주 오래전부터 인류는 자연의 잡다한 소리 사이사이에 끼워져 있는 아주 짧은 순음의 소리에 길들어 왔을 것이다. 순음의 소리를 감정이 민감하게 받아들이는 이유에 대해, 현대 과학은 공명이나 배음(Overtones), 규칙성, 예측성 등 여러 이론을 제시하니, 어쩌면 해답은 이미 나와 있다고 해도 과언이 아니다.

순음은, 심장박동의 규칙적 배열이라는 율동의 음악이 매우 빠르게 진동하는 파동이 만들어 낸 것이니, 율동이나 순음 모두가 규칙적인 진동이라는 물리적 특성에는 큰 차이가 없어 보인다.

더 나아가, 악보의 진행도, 음계의 구성도, 작곡의 기법도 모두 규칙성과 논리의 카테고리를 벗어나면 안 된다. '예측 가능성'을 무시하면 마음속의 학습 본능을 깨우지 못하여 음악이 되지 않기 때문이다.

또한, 순음은 자연 상태의 거친 소리가 아니기에, 뇌는 "이건 위협적인 현실의 소리가 아니군!" 하며 경계심리를 풀고 심리적 안정감을 느끼게 만든다는 사실도 빼놓을 수 없다.

이유가 어떻든, 사람들이 순음을 좋아한다는 사실은 아주 명백하다. 이 때문에 악기가 만들어지기 훨씬 이전부터 인류는 순음을 널리 퍼지게 하는 목소리의 창법을 다듬어 온 오랜 역사가 있으니, 누구든지 순음의 소리에는 금방 기분 좋은 반응이 올라오기 마련이다.

플루트나 클라리넷은 숲속 새들의 울음소리 사이에서 삐죽 나오는 깨끗한 순음을 연상하게 한다. 현악기처럼 비비듯이 마찰시키는 소리는 일정한 굴곡 형태를 보인 순음이며, 수면 위에 돌을 던지면 '퐁당'하고 튀듯이 피아노나 현을 튕기는 소리는 규칙적인 감쇠 진동의 순음이다. 이 악기들의 공통점은 자연에서 추출한 재료인 고체를 진동시켜, 자연에는 없던 매끄러운 규칙성을 만들어냈다는 점이다.

이 순음의 규칙성은 청각이 소리를 해석할 때, 예측이 매우 수월하여 힘들이지 않고 소리를 연속하여 해석해 버리는 특징이 있다. 앞서 칼 프리스턴의 주장이 이를 뒷받침한다.

한편 시각보다 더 오랜 세월 최적화된 청각은, 매우 빠르게 지나가는 소리의 파형 하나하나도 모두 읽어내는 정교한 장치다. 그렇게 예민한 알아차림으로 소리를 넉넉히 해석하니, 그 규칙성과 연속성을 힘들이지 않고 수월하게 처리하게 되고, 뇌의 예측이 성공하는 경우의 수가 증가하게 된다. 예측이 빠르고 밀도 있게 연속하여 성공하면 감정은 "이렇게 연속해서 힘 안 들이고 소리를 해석하다니 횡재했군!" 하며 도파민을 촘촘히 뿌려대니, 이것이 순음에 매료되는 소리 감정의 원초성이다. 도파민은 반복하게 만드는 학습물질이니, 우리는 점점 더 소리에 이끌리어 순음의 매력에 빠져들게 된다.

그 원초성이란, 생명이 자기 몸 밖의 외부 현상을 남김없이 해석하며, 예측이 맞았을 때 감정이 환호의 탄성을 지르게 하는 견고한 생명의 보상 심리다. 그것은 순음이 쉽게 예측되자, "이렇게나 쉬울 수가!" 하며 내지르는 환성 같은 즐거움이, 음악 감흥의 기초 재료라고 바라본 것이다.

그와 같이, 감정의 본성 안에는 늘 힘들이지 않고 문제를 풀어보려는 '횡재본능(Cognitive Economy)'이 도사리고 있다. 감정은 위기 상황 때에는 자원을 아낌없이 소비하지만, 한가로운 상황에서는 자린고비와 같은 본성이 자리한다. 자린고비의 마음일 때 길을 걷다 하찮은 동전을 주운 경험이 있다면, 공짜가 주는 환희가 얼마나 큰지 깨닫게 된다. 그와 같은 경험처럼, 순음이 극한으로 치달아서 자연스럽게 힘을 안 들이고 해석되는 소리를, 감정은 두 손 들어 환호하는 소리가 된다. 심리학에서는 이를 '처리 유창성(Processing Fluency)'이라는 이론으로도 설명될 수 있다.

그 순간, 음 하나하나가 힘 안 들이고 마음에 스며들어, 환호로 보상받는 듯하다. 순음의 미세한 떨림과 맑은 울림이 합쳐져 만들어내는 신비로움은, 마치 눈앞에 나타난 작은 기적처럼 감정을 압도한다. 그 속에서, 감정은 자유롭게 솟구치며 강하게 환호한다.

'횡재본능'이 거슬린다면 좀 더 완고한 표현을 해보겠다. 음악 감정이란, 반드시 한가하고 편안한 마음의 상태여야 올바로 발현하고, 소리의 해석에 많은 자원을 안 들여야 하기에, 이에 최적화된 소리는 역시 해석이 매우 수월한 순음이어야만 가능한 일이다.

좀 더 정확하게 표현하자면, 치열한 생존경쟁의 삶의 현장에서 감정은 수호천사의 역할을 해야 하지만, 한가한 시간에는 긴장을 풀고 힘을 뺀 신체적 이완 상태 때문에, 에너지가 적게 드는 순음을 선택할 수밖에 없었을 것이다. 만약에 잡음 섞인 소리를 듣는다면, 그 불규칙함의 정체를 밝혀내려고 또다시 근육이 나도 모르게 긴장하며 심장박동이 올라가니, 흥분하는 순간 한가로운 음악 감흥은 사라져 버릴 수밖에 없다. (이것이 율동의 음악과 다른 큰 차이다.)

이렇듯, 자연에서의 잡다한 소음 중에서 짧게 숨겨진 순음이 들려올 때는, 상대적으로 수월했던 소리 해석의 경험 때문에, 이제는 중독되듯 점점 더 순음들을 골라서 듣게 되었다고 추정한다. 그 소리가 즐거운 소리라는 경험이 대물림되면, 그다음부터는 무의식적으로 즐거운 감정이 솟아날 수밖에 없다. (생명이 그렇게 정하면 우리는 거부할 수 없다.)

또한 음악을 들을 때, 그 소리의 비교 대상으로 자연의 순음들이 연상되는 이유는, 악기의 소리 자체가 지속적인 고른 소리를 내는 순음이기에 당연히 자연의 소리 중에서도 순음이 들려오는 주변 기억들이 쉽게 떠올려질 것이다.

이런 심리에 발맞추듯 악기의 발명 이후로, 듣기 좋은 순음의 소리로 계속해서 개량해 왔으니, 악기들의 소리 거의 모두가 순음들의 호화로운 잔치가 되어갔다. 흥미롭게도 모차르트 시대의 피아노와 비교하여, 오늘날의 피아노는 순음의 투명도와 울림의 차이가 현저하게 개선되었으며, 다른 모든 악기도 한결같이 이런 방향으로 개량되어 갔다. 이렇듯, 악기를 개량하게 만든 욕망은 바로 인류의 본성이 순음을 선호한다는 확실한 증거가 된다.

순음을 만드는 현악기와 관악기 대부분은 기원전 3000년경으로 거슬러 올라가지만, 본격적인 순음 악기의 발달은 중세 시대부터라고 여겨진다. 이러한 악기들은 정교한 제작 기술 없이는 존재할 수 없었기에, 기술 문명의 진보와 함께 비로소 '순음의 악기'가 탄생할 수 있었다. 그러고 보니, 인류는 아주 오랜 세월 동안 타악기가 주류를 이루는 '리듬의 시대'를 살아온 셈이다.

이로써, 이제 율동 위에 순음이 더해졌다.

소리맵시의 규칙성과 박자의 규칙성, 그리고 순음의 화음 모두가 다 어우러지면, 예측의 빈도가 충만한 완전한 음악이 된다. 그 말은 감정이 음악을 힘 안 들이고 넉넉하게 해석할 수 있게 되었다는 의미가 된다. 그때부터 듣기 쉬운 음악을 정교하고 더욱 복잡해진 기악의 음악으로 만들어냈다. 그 때문에 음악은 수많은 소리의 변곡점을 가지게 되었으니, 복잡해진 음악 속의 이야기를 기억해야 하는, 즐거운 시간을 만들어낸 것이다. 이것이 결국 음악을 더욱 반복 감상하게 만드는 핵심 이유가 되었다.

　익숙해진 음악을 들으면서, 감정은 생체 시계를 맞춰가며 다음에는 어떤 소리가 나타날지 예측하기 쉬워진다. 그렇게 예측할 수 있으면, 감정은 나도 모르는 사이에 음악의 전개를 미리 한 발짝 넘겨짚으며 예측이 맞은 것을 확인하고, 이에 환호하게 된다. 이렇듯, 음악 감정은 환호의 감정이 그 밑바탕에 깔려있다. 이것이 음악을 이어지듯 듣게 만드는, 음악 학습의 보상이 주는 즐거운 감정이다.

　그러나 음악은 이렇게 단순한 학습의 환호만 있는 것이 아니다. 환호와 더불어 음악 속에는 다양한 색채의 내용물이 이야기처럼 채워져 있다. 그것은 자연과 경험에서 비롯된 수많은 소리의 객체에서 흘러나온 느낌들이 음악의 전개와 함께 쏟아지듯 전달된다.

　인류는 오랜 세월 자연과 더불어 살아왔기에 악기의 소리를 들을 때면, 그 소리와 닮은 자연의 순음을 떠올려 서로 비교하며 감정의 느낌을 만들어냈을 것이다. 그때, 자연 속의 '순음'은 대부분 아주 짧고 순간적으로 사라진다. 그래서 우리가 악기의 소리를 들을 때, 짧은 자연의 소리를 수없이 잘게 쪼개어 끊임없이 비교하게 될 것이다. 이 과정에서, 다양한 대상의 감각적 흔적들이 함께 얽혀 들어오며 음악 감정은 필연적으로 통일된 감정이 아닌, 다양한 느낌으로 잘게 파편화될 수밖에 없게 된다.

그 결과, 음악적 인상은 무수한 감정의 조각들로 구성되고, 그 조각들이 시간의 전개 속에서 변화무쌍한 색채를 띠게 된다. 바로 그 파편성과 연속성이 맞물릴 때, 음악 감정의 풍부한 다양성이 발현하게 된다. 이 때문에 기악(器樂)의 감정은 결코 하나의 정서로 규정될 수 없고, 수십 가지의 미묘하고 복잡한 정서가 하나로 얽혀 흐르게 되니, 그 느낌이 바로 '복합음악감정'이다.

이렇듯 음악 한 곡을 해석할 때, 우리는 악기의 순음을 자연과 과거의 경험에 비추어 보며, 나도 모르는 사이에 의미를 찾아낸다. 그 순간 감정은 방대한 기억의 창고를 훑어내고, 거기서 뽑아낸 느낌을 음악의 감정으로 바꾸어 낸다. 이 작용은 눈 깜짝할 사이에, 나도 모르는 듯 일어나는 놀라운 무의식의 작용이다. 그 결과로 빚어진, 자연 속에서 가장 아름다운 순음만을 모아놓은 음악은, 현실의 소리보다 더 강렬한 감동을 만들어낼 수밖에 없지 않은가.

이렇듯 악기의 소리를 현실의 소리와 비교하며 오랫동안 학습하다 보면, 언제부터인가 악기마다 고유한 '악기 감정'이 따로 기억 속에 각인될 것이다. 그때부터는 자연의 소리에 더해 악기 소리의 인상들이 다시 파

음악 감정의 기원

편화로 이어지듯 더해져서, 이제부터 음악의 전개는 마음속에서 더욱 빠르게 해석되기 시작할 것이다.

그렇게 모인 악기들의 순음이 교향곡처럼 겹겹이 쌓이면, 소리는 서로 뒤섞이며 증폭되어 거대한 합창처럼 울려 퍼지기도 하고, 때로는 제각각의 선율이 얽혀 다성적 직조를 이루기도 한다. 그러나 그 울림은 더는 자연의 메아리가 아니다. 그것은 이미 마음이 빚어낸 상상의 산물이요, 현실의 경계를 넘어선 창작의 소리가 된다.

여기서 우리는 음악사의 흥미로운 갈림길을 본다. 아프리카 음악과 서양음악의 차이는 '순음'이라는 하나의 요소가 추가된 것이지만, 그 하나의 요소가 음악사를 뒤흔든 거대한 전환점을 만들어내었다.

율동만의 음악은 희(喜, Joy)는 탁월하게 표현하지만, 애(哀, Sorrow)의 슬픔을 표현하기 어렵고, 로(怒, Anger)와 락(樂, Pleasure)은 감정선의 경계가 불분명하다. 더군다나, 타악기로는 감정의 억양인 프로소디(Prosody)를 표현하는 것이 매우 어려우며, 복합음악감정의 풍부한 울림도 대부분이 순음에 의하여 창출된다.

인류의 음악사를 통틀어 본다면, 순음의 역사는 짧은 세월에 걸쳐 구축되었지만, 이것은 엄청난 혁명이었다. 이것 하나 때문에 사람에게 가장 큰 상실의 아픔을 주는 애(Sorrow, 哀)를 드디어 표현해 내기 시작하였다. 감정의 표현이 또렷해지니, 마치 음의 언어처럼 들려오기 시작하였다. 그래서, 음악은 단순한 놀이 문화를 크게 확장하여 인간의 근원적인 슬픔의 문제를 치유하기 시작하였으니, 인간의 희로애락을 모두 아우르는 음악의 역사는, 순음의 악기가 활약한 이후부터라고 선언해야 마땅하다.

그러나 여전히 아프리카 음악을 가벼이 생각할 수 없는 것은, 오랜 음악의 역사를 간직하면서 주로 타악기로 연주되는 율동의 음악은, 음악 본래의 이상(理想)인 희락(喜樂)을 가장 잘 구현하기 때문이다. 규칙적인 타악기의 리듬은 감정이 최초로 선택한 음악 감정이었다. 마치 "앞으로는 이런 규칙적인 소리가 울리면 흥이 나도록 약속하자"라며 머릿속에 각인시킨 최초의 음악 감정이기 때문이다.

클래식에도 당연히 율동이 존재하지만, 그 율동이 화려한 순음의 예복 안에 숨어 강약과 프레이징(Phrasing)으로 승화된 '침묵하는 뼈대'가 되었다면, 아프리카의 율동은 야생 동물의 '펄떡이는 심장'처럼 그 생명력을 적나라하게 드러낸다는 차이가 있을 뿐이다.

순음의 이야기가 이제 막바지에 이르렀다. 결론적으로, 감정이 순음을 선호하게 된 것은 아주 단순한 이유였다. 음악 감정은 에너지 사용률이 적은 긴장이 풀린 상태에서 발현되는데, 생체 에너지를 줄이려는 생리적

음악 감정의 기원

욕구가 자연스럽게 순음을 선택하게 된 것이었다. "순음은 에너지가 적게 드니 앞으로는 이걸로 음악의 희로애락을 만들어 볼까?" 하며 생명이 그렇게 약속하면, 그에 호응하듯 감정이 뒤따르기 마련이다.

이렇듯, 악기가 내는 순음 하나만으로도 숨 멎을 듯한 감탄을 자아낼 수 있다. 어떤 경우에는 눈물 나는 진한 감동이 밀려오기도 한다. 그 순수한 소리에 매료되어 더 나은 소리를 찾아, 수도 없이 오디오를 갈아치우는 사람들도 있으니, 그들은 단순히 소리를 사랑하는 것을 넘어 소리에 깊이 중독된 영혼들이다.

어디 애호가만 그럴까? 연주자는 자신의 악기 소리를 예쁘게 다듬으려, 값비싼 액세서리를 바꿔가며 다른 소리의 형이상학들을 취사선택한다. 악기를 연주하다가도 소리가 미세하게 달라지면, 심각한 듯 악기의 여기저기를 만져가며 그들만의 고민에 빠진다. 이 모두가 소리의 형이상학을 알아차린 음악인들의 까다롭고도 야단스러운 행복한 고민거리다.

이야기가 여기까지 흐르자, 마침내 음악 감정의 기원도 서서히 모습을 드러낸다. 음악은 생명이 바깥 세계를 이해하려는 본능적 학습의 부산물이자, 감각과 의미가 엮인 원초적 놀이다. 그리고 그 놀이는 공존이라는 숙명을 안고 태어난 인류가, 필연적으로 창조해 낸 정서적 소통의 공유된 언어였다.

* 이 책에서 나오는 '도파민'은 음악의 감상 과정에서 시작되고, 이어서 엔도르핀을 방출하는 연쇄적 반응이 일반적이다. 도파민은 목표 달성, 기대감, 학습, 성취감 등의 보상과 예측의 달성 시 분비되는 신경전달물질이고, 엔도르핀은 음악 속에 깊이 몰입하는 과정에서 편안한 감정을 느끼게 하는 물질(신경펩타이드)로 알려져 있다.

그 외에도, 세로토닌, 옥시토신, 아드레날린, 노르아드레날린, 코르티솔 등의 배역들도 모두 영향력을 미친다. 즉, 음악감상은 뇌 전체의 현란한 신경화학적 오케스트라인 셈이다. 그러나, 이 책에서는 혼란을 피하고자 이런 물질들이 정신에 영향을 미치는 것에만 주목하여 오직 '도파민' 대표 물질 하나로만 통일하여 전개하였다.

* 클래식 음악에서 악기들은 고르게 이어지는 순음(Pure sound)인데, 자연의 소리에는 이런 순음들이 아주 짧게만 이어져서, 음악을 들을 때 기억 속에 내장된 자연의 소리에서 짧게 파편화된 소리를 이어 붙이며 비교하는 정신작용이 일어난다는 주장이, 탬플릿이론(Template Theory) 및 패턴인식(Pattern Recognition), 게슈탈트심리학(Gestalt Psychology)에서 말하는 완결성의 법칙(Law of Closure) 등을 참고할 만하다.

* 에너지 효율성과 도파민(Free Energy Principle): 뇌는 신체 에너지의 20%를 사용하는 거대한 에너지 소비처다. 따라서 뇌의 일차 목표는 '예측할 수 있는 패턴을 찾아 계산 에너지를 줄이는 것'이다. 순음(주기적 파동)은 잡음(무작위 파동)보다 처리하기가 압도적으로 용이하다. '횡재본능'은 뇌과학에서 말하는 '최소 에너지 원칙'과 일맥상통하며, 예측 성공 시 도파민이 분출된다는 점도 명확한 사실이다.

음악 감정의 기원

* 비현실성과 안전 기제: 자연계의 날카로운 잡음(나뭇가지 부러지는 소리, 포식자의 발소리)은 즉각적인 생존 위협 신호인 경우가 많다. 반면, 지속적이고 고른 순음은 대개 생존에 직접적인 위협이 되지 않는 환경음이거나 동료의 목소리(Vocalisation)일 확률이 높다. 따라서 순음을 들을 때 뇌가 긴장을 풀고 '이완 상태(Parasympathetic activation)'로 들어간다는 설정은 매우 타당하다.

* 슬픔(Sorrow)과 지속음의 관계: 타악기는 '충격'을 전달하지만, 순음을 내는 관악기와 현악기는 '지속'과 '굴곡'을 전달한다. 인간의 감정적 언어(Prosody), 특히 울음이나 탄식은 긴 호흡의 지속음을 동반한다. 따라서 순음 악기가 등장하면서 비로소 인간의 깊은 슬픔을 투영할 수 있게 되었다는 주장은 언어학과 신경과학적으로도 모순이 없는 주장이다.

Prelude

음악 이야기를 펼치다 보니, 문득 재즈(Jazz)를 불러내고 싶어졌다. 빌리 홀리데이의 지글지글 애절한 목소리나, 피아졸라의 뜨거운 선율을 떠올릴 때면, 한 번은 꼭 짚고 넘어가야 할 음악이라 생각했다.

문득, 아티 쇼(Artie Shaw)의 클라리넷 협주곡이 귓가를 스쳤다. 이건 연주인가, 수다인가? 그것도 아주 능청스럽고, 끈적하고, 쉴 새 없이 말을 걸어오는 고단수 작업 멘트다!

재즈가 빚어낸 클라리넷의 독특한 화법은, 무언가 말을 건네는 듯한 '프로소디'를 극한의 경지까지 밀어붙인다. 규격화된 틀을 깨고 굽이쳐 흐르는 그 거침없는 자유로움이 무엇일까 궁금해졌다.

재즈(Jazz):
댐을 허물고 굽이쳐 흐르는 강물이 되다

율동과 순음의 긴 여정 끝에, 우리는 재즈(Jazz)라는 합류점 하나를 만나게 된다. 태초의 생명력을 간직한 아프리카의 율동(Rhythm)과, 치밀한 논리로 축조된 서양의 순음과 화성(Harmony)이라는 이질적인 두 세계가 충돌하여 빚은 소용돌이가 바로 재즈다.

역사적으로 이는 흑인의 비극적 이주와 백인의 악기가 만난 우연한 사건이었으나, 진화의 관점에서 원초적 율동의 반석 위에 순음의 질서가 입혀진 흥미로운 통합이다. 그렇다면 재즈는 클래식과 무엇이 다를까? 그 결정적 차이는 바로 에너지를 다루는 방식에 있다.

서양의 클래식 음악은 활(Bow)의 미학이다. 작곡가는 기나긴 시간 동안 활시위를 바로 놓지 않고 뒤로, 더 뒤로 당긴다. 불협화음으로 해결을 지연시키고, 형식이라는 틀 안에 감정을 꾹꾹 눌러 담는다. 이 기획된 절제와 농축의 시간이 길수록, 마침내 활시위를 놓았을 때 터져 나오는 해방감은 거대한 폭발력을 갖는다. 즉, 클래식은 인내 끝에 얻는 수직적 비상을 위해, 뇌가 불협화음의 고통을 기꺼이 감내하는 위로받는 통증의 과정이다.

반면, 재즈는 흐름(Flow)의 미학이다. 재즈에는 에너지를 극한까지 농축하는 거대한 댐이 없다. 대신 그들은 댐을 허물고 그 위를 서핑하듯 흐르는 법을 택했다. 재즈 연주자들은 순간순간의 리듬(Groove)에 몸을 맡기고, 즉흥연주로 감정을 즉각적으로 발산한다. 여기에는 장엄한 폭발 대신 잔잔하고도 흥겨운, 지속적인 유희가 흐른다.

이러한 차이는 곧 '시간을 다루는 방식'의 차이로 이어졌다. 악보와 다양한 악기로 시간을 '건축'할 수 있었던 클래식이 기승전결의 긴 '서사(Story)'를 지향했다면, 북과 몸짓이라는 직관적인 도구에 집중한 율동의 시대는 미래의 해결보다는 현재의 반복과 몰입, 즉 '순환(Cycle)'을 택했다.

그렇기에 율동은 태생적으로 '계획된 미래'보다는 노동과 제식의 현장에서 몸으로 부딪치는 '치열한 현재(Now)'에 집중할 수밖에 없었다. 그래서, 현대의 재즈가 피아노와 트럼펫 같은 서양의 악기를 사용하고 복잡한 화성을 구사하여도, 그 본질은 여전히 아프리카의 정신이 지배할 수밖에 없었다.

물론, 클래식에도 당연히 율동이 존재하지만, 그 율동이 화려한 순음의 예복 안에 숨어 강약과 프레이징(Phrasing)으로 승화하여 '침묵하는 뼈대'가 되었다면, 아프리카의 율동은 야생 동물의 펄떡이는 심장처럼 그 속살을 적나라하게 드러낸다는 차이가 있을 뿐이다.

그렇다면 재즈는 어떻게 뇌에 끊임없는 즐거움을 주는가? 비밀은 규칙성에 있다. 신경과학자 마이클 타우트(Michael Thaut)의 리듬 동조화 이론에 따르면, 우리 뇌는 드럼이나 베이스가 만드는 규칙적인 비트(Beat)를 들으면 의지와 상관없이 뇌파를 그 리듬에 동기화시킨다고 한다. 이 규칙적인 율동은 뇌에 강력한 안전 신호가 되어, 긴장을 저축할 틈도 없이 매 순간 소비하게 만드는 것이다. 또한 예측 부호화 이론으로 볼 때도, 재즈는 매 박자가 정확히 떨어지며 뇌의 예측을 성공시키기에, 우리는 긴장 대신 즉각적인 이완과 쾌감을 얻어낼 수 있다.

반대로 클래식(낭만주의)은 루바토(Rubato)처럼 규칙성을 고의로 파괴하기도 한다. 시간을 훔치듯 늘이거나 줄이며 뇌의 예측을 빗나가니, 이때 발생하는 예측 오류와 불안감이야말로 활시위를 당기는 고통의 실체이자 뒤이어올 환희를 증폭시키는 기폭제가 되는 것이다.

하지만, 재즈의 흐르는 강물만으로는 인간 영혼의 깊은 곳을 건드리는 데 한계가 있었던 것일까? 아니면, 쾌락의 노출이 빈번해진 현대의 상황에 발맞춰, 재즈 또한 더 강렬한 자극을 강요받았을까?

재즈가 단순한 유희를 넘어 예술의 반열에 오르고자 했을 때, 그들이 결국 도입할 수밖에 없었던 것은 클래식의 심장인 '활의 미학'이었다. 재즈 연주자들은 쉼 없이 흐르는 율동 위에서조차 어떻게든 긴장을 조성하러 애쓰며 클래식의 '구조적 서사'를 조금씩 흉내 내기 시작하였다.

클래식처럼 거대한 봇물은 아닐지라도, 흐르는 물줄기를 간간이 막았다가 '툭, 툭' 터트리며 감정의 기복을 흔들어 대는 것으로도 재즈 본연의 지속적 여흥은 깨지지 않았다. 이는 인간 본연의 감정 흐름을 영리하게 읽어낸 재즈가, 자신들만의 방식으로 조금씩 방향을 틀어가는 모습이라 여겨진다.

그러니 역설적이지만, 이런 여흥을 만들어내기 위해서는 클래식이 수백 년간 구축해 놓은 '절제와 농축의 문법'을 빌리지 않고서는 스스로의 한계를 넘어설 수가 없었다는 방증이 아닐까?

결국, 클래식이 저 높은 곳을 향한 형이상학(形而上學)적인 신비의 세계라면, 재즈는 우리가 발 딛고 선 형이하학(形而下學)적인 현실 속의 즐거움이다. 이것이 바로 하늘을 비추는 깊은 심연의 호수와 대지를 적시며 굽이치는 강물의 차이다.

음악 감정의 기원

* 예측 부호화 이론(Predictive Coding Theory): 긴장은 '예측 실패(오차)'가 누적될 때 발생하고, 해소는 '예측 성공'에서 온다. 이를 해석하자면, 재즈는 매 박자(Beat)가 정확하게 떨어진다. 뇌가 "다음 박자가 이때 나오겠지?"라고 예측하면 100% 그 시간에 드럼이 쳐준다. 즉, 매 순간(0.5초 단위) 예측이 성공하며 긴장이 해소되니, 긴장을 클래식처럼 길게 끌고 갈 수가 없는 것이다.

반면, 클래식(지연된 해소)은 화성적으로나 리듬적으로 예측을 계속 빗나가게 한다.

뇌의 '예측 오류(Prediction Error)'가 해소되지 않고 계속 쌓이는 상태, 이것이 바로 '활이 팽팽하게 당겨진 상태'를 의미한다.

* 마이클 타우트(Michael Thaut)의 리듬 동조화 이론: 외부의 규칙적인 청각 자극(리듬)에 인간의 뇌와 신체가 무의식적으로 동기화되는 현상을 설명한다.

* 청각과 운동 신경의 직결(고속도로): 인간의 뇌에서 소리를 처리하는 청각 피질은 움직임을 관장하는 운동 신경계(기저핵, 운동 피질 등)와 매우 긴밀하고 직접적으로 연결되어 있다.

* 무의식적인 동기화: 일정한 박자의 리듬을 듣는 순간, 뇌는 의식적인 판단이나 감정적 처리를 거치기 전에 이미 근육에 "움직이라"는 신호를 보낸다. 우리가 음악을 들을 때 자신도 모르게 발을 구르거나 고개를 끄덕이는 것은 자연스러운 생물학적 반사 작용이다.

* 물리적 힘으로서의 음악: 타우트는 이를 증명하듯 파킨슨병이나 뇌졸중 환자들의 멈춰버린 걸음걸이를 규칙적인 음악의 리듬(RAS, 청각 운동 자극)을 통해 다시 걷게 했다. 즉, 리듬은 단순한 예술적 감상 대상을 넘어, 손상된 뇌신경마저 우회하여 신체를 강제로 움직이게 만드는 강력하고 물리적인 '명령어'로 작용한다.

결론적으로, 인간이 음악의 리듬에 반응하는 것은 개인의 취향이나 문화적 학습의 결과가 아니라, 청각 자극에 신체의 운동 주기가 자동으로 일치하려는 뇌의 거부할 수 없는 생물학적 본능이라 주장한다.

음악 감정의 기원

Prelude

음악을 들으며 늘 느끼는 것이지만, 베토벤 중기 이후의 현악 사중주곡들은 하나같이 짙은 고통과 해방의 서사로 가득하다. 그 감정을 풀어내는 장치들은 때로 갑작스럽고 기괴하지만, 나의 내면을 지독하게 후벼 파고는, 이내 머리를 화하게 비워내는 마력이 있다.

요즘은 브람스의 「클라리넷 소나타 Op.120」을 연습 중이다. 곡의 곳곳에서 감정을 지연시키는 반음 키들의 저항이 만만치 않다. 그 심오한 선율 속에서 나의 연주는 좀처럼 진도를 나아가지 못한다. 그런데 왜, 이 음악은 이토록 오랫동안 나를 붙잡아두는 것일까?
왜 음들의 저항을 미련스럽게 받아내며 앞으로 나아가게 됐을까?

클래식의 '활(Bow)'의 미학은
인류 공통의 영원한 주제

예술이란 무엇인가? 음악이든, 문학이든, 그 장르를 불문하고 인류의 마음을 뒤흔드는 모든 걸작에는 하나의 공통된 법칙이 숨어 있다. 그것은 바로 팽팽하게 당겨진 '활(Bow)의 미학'이다.

활시위를 극한까지 당기는 긴장(Tension)이 있어야만, 화살은 비로소 저 멀리 날아가 과녁에 꽂히는 해방(Release)의 기쁨을 맛볼 수 있다. 이 '긴장과 해방'의 구조는 단순히 예술가들이 고안해 낸 기교가 아니었다. 이것은 인류의 생존 본능 깊숙이 각인된 유전자의 언어이자, 우리 뇌가 세상을 인식하는 가장 원초적인 문법이었다.

고고학적 증거들은 우리에게 서늘한 진실을 말해준다. 박물관에 전시된 인류 조상들의 화석을 자세히 들여다보라. 그 뼈들은 한결같이 '만성적인 영양실조'를 증언하고 있다. 고인류학자들은 유골의 정강이뼈에 남겨진 '성장 정지선(Harris lines)'을 통해, 그들이 겪어낸 기나긴 굶주림의 나이테를 확인한다. 인류의 역사는 99%가 풍요가 아닌 결핍의 시간이었고, 안락함이 아닌 생사를 건 투쟁의 연속이었다.

이 가혹한 환경 속에서 우리 조상들이 생존하기 위해 터득해야 했던 유일한 전략은 '충동의 억제'였다. 당장 배가 고파도 씨앗을 먹어 치우지 않고 봄까지 기다려야 했고(인내), 사냥감이 사정권에 들어올 때까지 숨을 죽이며 극도의 집중력으로 인내해야 했다(긴장).

여기서 우리는 심리학의 중요한 이론 하나를 마주하게 된다. 바로 '만족 지연(Delayed Gratification)'이다. 심리학자 월터 미셸(Walter Mischel)이 증명했듯, 인간의 지성 그리고 생존 능력은 '지금 당장의 작은 보상'을 포기하고, '미래의 더 큰 보상'을 위해 고통을 감내하는 능력에서 비롯된다.

조상들은 후손들에게 이 지독한 인내를 가르쳤다. "고생 끝에 낙이 온다(No pain, no gain)"라는 동서고금의 오랜 격언은 단순한 위로의 말이 아니었다. 이것은 수만 년간 배고픔을 견디며 살아남은 조상들이 후손들의 DNA에 새겨넣은, 생존을 위한 가장 엄중하고도 절대적인 '행동 강령'이었다. 즉, 고통(Pain) 없이는 생존(Gain)도 없다는 냉혹한 진리가 우리 유전자에 각인된 것이다.

더 나아가, 솔로몬(Solomon)과 코빗(Corbit)의 '대립 과정 이론(Opponent-Process Theory)'은 우리가 왜 예술적 고통을 즐기는지를 명확히 설명해준다. 우리 뇌는 극심한 공포나 슬픔, 긴장(A process)을 겪고 나면, 잃어버린 정서적 균형을 맞추기 위해 정반대의 감정인 안도감과 쾌락(B process)을 자동으로 분비한다. 활시위가 팽팽할수록, 그것을 놓았을 때의 반동이 강력한 것과 같은 이치다.

이 오래된 생존의 법칙은 그대로 예술의 형식이 되었다. 우리는 왜 비극적인 드라마를 보며 가슴을 졸이고, 불협화음이 가득한 교향곡을 들으며 숨을 죽이는가? 그것은 우리의 뇌가 예술 작품 속의 '갈등'과 '위기'를 가상의 생존 훈련으로 인식하기 때문이다. 셰익스피어의 비극이 주는 처절함, 미켈란젤로의 「천지창조」에서 느껴지는 손가락 끝의 닿을 듯 말듯한 긴장, 그리고 우리를 울고 웃게 만드는 모든 드라마의 클라이맥스까지. 이 모든 예술은 '활의 미학'이라는 동일한 유전자의 언어를 따르고 있다.

활시위가 팽팽하게 당겨질 때(고난/불협화음), 우리는 무의식적으로 조상들의 굶주림과 인내를 시뮬레이션한다. 그리고 마침내 갈등이 해결되고 화살이 날아가는 순간(해결/화음), 우리의 유전자는 "잘 참아냈다. 너는 비로소 생존할 자격을 얻었다"라는 강렬한 승인을 내려준다. 이때 뇌 속에서 도파민과 엔도르핀이 솟구치며 밀려오는 전율, 그것이 바로 '카타르

음악 감정의 기원

시스(Catharsis)'의 정체다.

그러므로 '활의 미학'은 음악만의 과제가 아니었다. 그것은 인류 공통의 영원한 주제였다. 우리의 유전자는 평온하기만 한 상태를 '생존'이라 부르지 않는다. 그것은 나태함이자 도태의 전조일 뿐이다. 오히려 거친 파도와 같은 갈등 속에 던져졌을 때, 그리고 기어이 그 파도를 넘어섰을 때, 유전자는 비로소 안도하며 우리에게 "잘했어! 감동이야"라며 그것이 생존임을 확인시켜 준다.

우리가 예술을 사랑하는 이유는, 그 안에 고난의 세월을 건너온 인류의 처절하고도 아름다운 생존의 드라마가 흐르고 있기 때문이다. 예술은 "고통을 견뎌낸 자만이 누릴 수 있는 가장 숭고한 승리이니 사탕을 던져줄게." 하며, 그것을 부추겨 우리를 고양한다.

이러한 내재적 교훈은 클래식 음악의 역사 안에서 점점 그 본색을 드러내기 시작했다. 비록 초창기의 음악은 아름답게 예측할 수 있는 논리의 음악에 가까웠으나, 바로크와 고전주의를 거쳐 낭만주의 시대로 넘어오면서, 점차 '활'을 뒤로 점점 더 팽팽하게 당기는 음악으로 그 성격이 강화되어 갔다. 이것이 모든 장르의 음악 중에서도 유독 클래식 음악에서 그 힘을 강력하게 발휘하였으니, 그 이유는 500년의 역사 속에서 치열하게 농축된 음악의 논리가 그것을 가능하게 만든 것이었다.

말러 교향곡 제3번의 마지막 악장 '사랑이 내게 말하는 것'은 주된 선율이 마치 삶의 고단함을 반복하듯 호소하지만, 신은 즉답을 피하며 "네가 힘들구나"를 반복한다. 그렇게 호소를 반복하듯 외치지만, 신은 단지 그렇게만 답답하게 위로할 뿐이다. 그 지루함의 반복과 반복은, 끝내는 거대한 천둥소리 같은 심장박동의 에너지를 선물처럼 확 쏟아낸다. 결국 신은 위로보다는, 그것을 능가하는 에너지를 쏟아부어 준 것이다. 이것은 필자가 상상한 '활의 미학'이다.

특이하게도 부르크너 교향곡 제8번 3악장이나 제9번 교향곡 3악장의 '아다지오'는 그야말로 활을 당기고 당기다가 최후의 화살을 날리기보다는, 오히려 한없이 허공으로 승천하다 힘없이 무너지듯 피안의 저 너머로 건너갈 것 같은 안개 같은 신비경의 사라짐이다. 그것이 오히려 힘찬 클라이맥스보다 더욱 여운이 오래가는, 여리여리한 클라이맥스다.

* 만족 지연(Delayed Gratification): '마시멜로 실험'으로 잘 알려진 만족 지연은 눈앞의 즉각적인 쾌감을 참고, 더 큰 미래의 보상을 위해 현재의 욕구를 통제하는 인간 고유의 고차원적 능력이다.

* 기다림의 예술: 고전음악은 바로 이 능력을 요구한다. 위대한 작곡가는 듣기 편안한 소리를 곧바로 내어주지 않고, 불협화음과 복잡한 전개로 긴장감을 한껏 끌어올리며 청각적 보상을 의도적으로 지연시킨다.

* 극대화된 쾌감: 청자가 이 불안정하고 수고로운 '기다림'을 기꺼이 견뎌낸 후, 마침내 팽팽했던 화음이 안정적으로 해결(Resolution)되는 순간, 뇌는 오래 참았던 만큼 훨씬 더 폭발적인 도파민과 깊은 카타르시스를 경험한다.

결국, 긴 호흡의 예술을 감상한다는 것은 찰나의 본능을 다스리고 기다림 끝에 찾아오는 거대한 미적 보상을 쟁취하는 '가장 인간다운 사유의 과정'이다.

* 대립 과정 이론(Opponent-Process Theory): 심리학자 리처드 솔로몬(Richard Solomon)이 제안한 이 이론은, 인간의 감정이 시계추처럼 항상 '균형(항상성)'을 유지하려 한다는 데서 출발한다. 강렬한 감정(고통, 슬픔)이 발생하면, 뇌는 이를 상쇄하기 위해 본능적으로 그와 반대되는 감정(쾌락, 안도감)을 끌어올린다.

음악이나 예술이 주는 슬픔은 생존을 위협하지 않는 '안전한 테두리 안의 고통'이다. 뇌는 비극적인 선율에 반응하여 슬픔을 느끼지만, 이내 그 감정을 방어하고 균형을 맞추기 위해 강력한 위안과 쾌락 호르몬을 분비하기 시작한다. 음악이 끝나고 슬픔을 유발하던 1차 자극이 사라져도, 뇌가 만들어낸 '위로와 쾌락'의 2차 감정은 한동안 짙게 남는다. 타격감이 컸던 슬픔일수록, 그 반작용으로 밀려오는 감동의 파도 역시 거대해진다. 결국 인간이 기꺼이 비극적인 예술이나 슬픈 음악에 빠져드는 것은 슬픔이라는 긴장 상태를 통과한 뒤 얻을 수 있는, 더 깊고 정화된 내면의 평온(쾌락)을 누리기 위한 뇌의 정교한 감정 변주 메커니즘이다.

Prelude

율동 음악의 원초성을 이어받듯, 초창기의 클래식은 흐르는 물결처럼 조화로웠다. 베토벤 이전의 천재들도 불협화음이라는 도구를 알고 있었지만, 그것은 조화로운 협화음의 그림자에 불과했다.

베토벤은 악기의 고정된 한계로 산을 높이는 대신, 청각을 긁어대는 불협화음과 해결의 지연이라는 깊고 어두운 골짜기를 파내기 시작한 것이다. 청중에게 던져진 이 우아하고도 무자비한 폭탄은, 단 한 명의 '위로부터의 혁명'이었다. 이 파괴적인 감정의 진실을 바라본, 후배 작곡가들은 '낭만주의'라는 거칠고 깊은 감정의 격랑 속으로 몸을 던질 수밖에 없었던 것이다.

그로부터 아름답게 흘러가던 활은 점차 현을 거칠게 짓누르고, 시위가 끊어질 듯 뒤로 팽팽하게 당기는 강압적인 투쟁으로 변모했다. 그 인고의 골짜기 끝에 마침내 터져 나오는 협화음은, 거대한 산맥처럼 청각을 압도한다. 인류 공통의 '활'의 미학은 클래식 속에서 그것을 구현하기 위해 '인내함'을 요구한다.

전략적 지연,
본능을 흉내 낸 음악의 이법(理法)

모든 훌륭한 결과는 기다림을 요구한다. 이러한 진화적 정당성을 계승한 클래식 음악은, 과연 소리의 세계 안에서 이 '기다림'을 어떻게 구사하고 있을까?

우리는 흔히 클래식 음악을 두고 "지루하다"라고 말한다. 3분이면 승부가 나는 대중가요와 달리, 40분이 넘도록 결론을 내지 않고 빙빙 도는 교향곡의 구조는 바쁜 현대인에게 고문처럼 느껴지기도 한다.

하지만 심리학과 뇌과학이 밝혀낸 바에 따르면, 이 '지루함'의 정체는 사실 우리 뇌가 쾌락을 극대화하기 위해 설계한 가장 정교한 '전략적 기다림(Strategic Waiting)'이었다.

이 기다림의 미학을 이해하기 위해서는 1972년 스탠퍼드 대학으로 거슬러 올라가야 한다. 심리학자 발터 미셸(Walter Mischel) 교수는 그 유명한 '마시멜로 실험(The Marshmallow Test)'을 통해 인간 지능의 핵심 비밀을 밝혀냈다. 눈앞의 마시멜로 하나를 바로 먹지 않고 15분을 참아낸 아이들이 훗날 더 큰 사회적 성취를 이뤘다는 이 실험은, 더 크고 가치 있는 보상을 위해 현재의 유혹을 억제하는 능력, 즉 '지연된 만족(Delayed Gratification)'이야말로 인간을 인간답게 만드는 고등 능력임을 증명했다.

음악적으로 볼 때, 팝이나 재즈가 "지금 당장 먹는 마시멜로 하나"라면, 클래식은 "인내 끝에 얻게 될 두 개의 마시멜로"와 같다.

그렇다면 우리 뇌는 왜 이 고통스러운 인내를 기꺼이 선택할까?

현대 뇌과학자 로버트 새폴스키(Robert Sapolsky) 교수는 뇌 속의 '도파민(Dopamine)'이 폭발하는 순간은 보상을 손에 쥐었을 때가 아니라, 보상을 갈망하며 기다리는 '기대(Anticipation)'의 시간임을 밝혀냈다. 사자가 사냥감을 씹어 먹을 때보다, 숨을 죽이고 사냥감을 노려보는 그 팽팽한 긴장의 시간에, 뇌는 가장 강력한 쾌감을 준비한다는 것이다.

클래식의 거장들은 바로 이 '보상회로(Reward Circuit)'의 연금술사들이었다. 베토벤이나 브람스는 아름다운 주제 선율이라는 먹잇감을 청중에게 바로 던져주지 않는다. 대신 전조와 변주, 불협화음이라는 장애물을 겹겹이 배치하여 뇌를 애타게 만든다. 이 기나긴 농축의 시간 동안, 청중의 뇌는 지루해하는 것이 아니라 "도대체 얼마나 대단한 환희를 주려고 이러는가?"라며 도파민이라는 쾌락의 화약을 한계치까지 채우게 된다.

이 인내의 댐이 마침내 무너지는 순간, 기적은 일어난다. 작곡가가 의도한 거대한 불협화음의 고통이 단 한 순간 완벽한 으뜸화음의 질서로 해결될 때, 뇌는 그동안 참아왔던 긴장과 해소의 '낙차(Gap)'만큼 충격을 받는다. 이때 뇌 속에서는 평소의 수십 배에 달하는 엔도르핀과 천연 진통제인 '오피오이드(Opioid)'가 일시에 쏟아져 나오며, 우리는 온몸에 소름이 돋는 의학적 전율, 즉 '프리송(Frisson)'을 느끼게 된다. 바로 이 지점에서 우리는 질문해야 한다. 왜 뇌는 감정의 변화에 맞춰 이토록 강력한 화학물질을 몸으로 쏟아내는 것일까?

그 이유는 명확하다. 감정은 본래 신체를 신중히 움직이도록 설계된 뇌의 기능이기 때문이다. 만약 생체 물질 없이 감정만 발현된다면, 우리는 신체를 움직일 수 없다. 감정이 우리를 보호하는 생명의 수호천사가 되려면, 필연적으로 생체 조절 물질을 만들어 신체 작동의 신호탄이 되어야 한다. 정신과 생명의 역동성 사이에 이 '신경 조절 물질(Neuromodulator)'이 개입함으로써, 비로소 정신과 육체는 하나로 연결된다.

그러므로 우리가 클래식을 들으며 느끼는 감흥은 단순한 기분이 아니었다. 그것은 정신과 신경 조절 물질의 끝없는 대화 속에서 피어나는 '정서적 파동'이며, 뇌와 몸, 기억과 상상이 서로를 증폭시키고 조율하며 만들어내는 몸속 내부의 보이지 않는 거대한 연주인 셈이다.

결국 클래식이 요구하는 그 지루한 기다림은 단순한 결핍이 아니었다. 가장 거대한 쾌락을 얻기 위해, 그리고 정신과 육체를 완벽하게 공명시키기 위해 인간의 뇌가 스스로 선택한 '지적 인내'다.

재즈나 팝이 "지금 당장 행복해지라"라고 달콤하게 속삭일 때, 클래식은 우리에게 엄숙하게 말한다. "고통을 직시하고 견뎌라. 그 인내의 깊이만큼 그대는 더 위대해질 것이며, 마침내 찾아올 환희는 그 무엇과도 바꿀 수 없는 구원이 될 것이다."

이것이 바로 즉각적인 쾌락이 넘치는 시대에도 클래식이 사라지지 않고, 여전히 인간의 영혼과 육체를 동시에 울리는 가장 우월하고도 과학적인 이유다. 이처럼, 인류의 유전자에 각인된 인내의 미학을 가장 원초적이며 성실하게 재현하는 음악 속의 드라마가 바로 클래식 음악이다.

* 생물학적 보완을 더 하자면, 도파민은 무언가를 '갈망(Wanting)'하고 예측하게 하는 기대 보상에 가깝고, 엔도르핀이나 엔도카나비노이드는 실제 절정에서 느끼는 '향유 보상(Liking)'에 가깝다. 도파민이 음악의 다음 장을 열게 하는 동력이라면, 엔도르핀은 그 음악 속에 완전히 침잠하게 만드는 접착제다.

* 지연된 만족(Delayed Gratification): 더 크고 가치 있는 보상을 얻기 위해 눈앞의 즉각적인 유혹을 스스로 억제하고 인내하는 능력으로, 이 기다림의 시간이 길수록 뇌가 느끼는 성취감과 쾌락의 총량은 기하급수적으로 증폭된다는 이론이다.

* 예측과 도파민(Anticipatory vs. Peak Pleasure): 신경과학자 밸로리 살림푸어(Valorie Salimpoor)의 연구에 따르면, 음악을 들을 때 뇌는 두 단계로 반응한다. 음악이 어떻게 전개될지 기다릴 때(예측)는 미상핵(Caudate)에서 도파민이 나오고, 실제 절정 부분에서는 측좌핵(Nucleus accumbens)에서 분출한다. 이 책의 "예측 적중의 기쁨"은 이 메커니즘에 기인한다.

* 전전두엽과 인지 자원 배분: 가사가 있는 음악은 뇌의 언어 영역(브로카, 베르니케)을 강하게 자극하여 좌뇌 중심의 논리적 해석을 요구한다. 이때 전전두엽은 '의미 파악'이라는 생존에 더 시급한 과제에 자원을 우선 배분한다. 따라서 "가사가 나오면 상상적 소리를 내려놓는다"라는 기술은 이에 기인한다.

* 자율신경계 동조(Entrainment): 음악의 박자가 심장박동과 호흡에 영향을 주어 아드레날린(흥분)이나 아세틸콜린(안정) 등의 분비를 조절한다는 사실이 입증되었다.

인류 공통의 프로소디(Prosody)에서
음악을 추출하다

인류는 언어를 가지기 훨씬 전부터, 서로의 감정과 의도를 전달하기 위해 소리를 사용했다. 단순한 외침이 아니라, 억양과 리듬, 강세와 속도, 그리고 목소리에 깃든 떨림까지, 이러한 모든 요소가 복합적으로 얽힌 것이 바로 프로소디(Prosody)다.

프로소디는 '언어 이전의 언어'로서, 말 없는 소리로 전달하는 감정어다. 우리말로는 딱히 대응하는 단어가 없어 그대로 빌려 쓰고 있지만, 프로소디의 함의는 감정의 뿌리를 파고드는 근원적인 힘을 지닌다.

아기가 말을 익히기 전, 어머니는 말을 걸지 않는다. 대신 속삭이고, 달래고, 웃고, 꾸짖는다. 말보다 억양이 먼저다. 어머니의 웅얼거림 속에서 아기는 세상의 온도 차를 배운다. 그 안에는 언어가 없다. 오직 소리,

그리고 감정만이 있다. 그리고 그 억양은 모음—"아", "에", "이", "오", "우"—이라는 열린 통로를 통해 흘러나온다. 이 소리는 표정, 몸짓과 어우러져서 원시 인류의 의사소통을 이룬 감정언어의 단서이며, 프로소디의 본질을 담은 생물학적 음절이다.

이것은 진화음악학의 핵심 가설인 '음악-언어 공진화 이론'과도 일치하는 관점을 담고 있다.

인류는 프로소디를 통해 감정을 기억했다. 억양 하나로 위로를 느끼고, 리듬 하나로 위협을 감지했다. 이 억양의 기억은 뇌의 심층구조인 편도체에 저장되었고, 청각피질과 연결되어 자극에 따라 즉각 반응했다. 이처럼 프로소디는 생존에 직접 관여하는 정서적 코드였으며, 그것이 유전적 기억으로 이어졌다.

음악은 언어가 생기기 이전에, 서로를 다독이고 경고하던 그 억양들, 그것이 음악의 기원이었다고 해도 과언이 아니다. 공교롭게도 프로소디와 기악의 클래식은 말 못 하여 감정만을 표출하는 점이 똑 닮아있다. 음악은 이 오래된 감정의 억양들을 재현하는 유희였고, 그 유희는 생존의 스트레스와 감정의 에너지를 변형하여 쾌락으로 전환하는 새로운 감정 회로를 만들어냈다.

흥미로운 것은, 프로소디는 '복합소리감정'이 '복합음악감정'으로 전환될 때 거의 손실이 없이 파편화되지 않는다는 사실이다. 즉, 프로소디에 담긴 감정의 형상은 음악 안에서도 여전히 그 원형을 유지한다는 사실이다. 그 이유는 억양이 음계로, 강세가 리듬으로, 속도가 박자로, 말의 흐름이 음악의 프레이징으로 자연스럽게 전환되기 때문이다. 이는 음성의 구성 요소들이 음악의 구성 요소들과 거의 직접적으로 호환되기 때문이며, 인간의 청각 시스템이 이미 그렇게 만들어져 있어서 가능한 일이었다.

그러니 어떤 음악이 말을 건네듯 느껴진다면, 그건 단순한 착각이 아니다. 그 안에는 실제로 '말하듯, 호소하듯' 얘기하는 프로소디가 녹아있다. 때로는 혼잣말처럼, 때로는 서로의 대화처럼, 어떤 음악은 우리에게 꾸짖고, 위로하고, 설명하며 감정의 드라마를 펼쳐 보인다.

이것은 다성음악(polyphony)의 시작에도 영향을 주었을 가능성이 크다고 한다. 여러 음성의 얽힘 속에서 인류는 '여럿의 감정이 얽힌 대화'를 음악적으로 구현하고자 했고, 그 기저에는 프로소디의 사회적 기능이 반영되어 있었을 것으로 추측한다.

무엇보다 중요한 것은, 프로소디가 언어의 발달 이후에도 사라지지 않았다는 점이다. 오히려 언어와 손을 맞잡고, 감정을 더 풍부하게 전달하는 수단으로 자리 잡았다. 우리가 누군가의 말을 들을 때, 그 내용보다

음악 감정의 기원

먼저 느끼는 건 그 말의 억양이다. 기계가 아무리 유창한 문장을 말해도 감동이 덜한 이유는, 그 말에 감정의 진동이 없어서 그러하다. 언어 속에 프로소디의 감정을 덧입히는 것은, 언어를 살아있는 생명의 말로 바꿔내는 일이다.

팔레스트리나에서 바흐, 모차르트, 베토벤을 거쳐 드뷔시와 메시앙, 그리고 현대의 대중음악까지 모든 위대한 음악 속에는 언제나 프로소디의 흔적이 살아 숨 쉰다. 음악은 인간의 가장 오래된 감정언어를 아직도 잊지 않고, 그 언어로 우리에게 말을 건넨다. 그러니 우리는 음악을 듣는 것이 아니라, '누군가의 감정을 듣고 있는 것'인지도 모른다.

음악 속의 프로소디는 그 원형뿐만 아니라, 프로소디를 더욱 발전시킨 음악의 기법들도 계속 추가되었을 것으로 추측한다. 이것은 어느 한 지역에서 촉발된 사건이 아닌, 모든 지역의 모든 문화권에서 자발적으로 스스로 만들어진 언어와의 협업이었다.

모든 음악 속에는 프로소디가 녹아있으니, 음악이 어쩌면 그 자체로 모두 프로소디의 울림인지도 모르는 일이다.

기악 속에 깊게 배어 있는 프로소디의 흔적을 직접 확인해 보고 싶다면, 다음의 몇 작품을 귀 기울여 들어보기를 권한다.

화려한 관현악을 통해 전 곡에 배어 있는 라벨 편곡의 무소르그스키 「전람회의 그림」, 사람의 격정적인 목소리의 높낮이를 현악기로 채집해 놓은 듯한 야나체크의 현악 4중주 1번 「크로이처 소나타」와 2번 「비밀 편지」가 좋은 예다. 또한, 첼로와 비올라가 두 주인공이 되어 쉴 새 없이 수다를 떠는 리하르트 슈트라우스의 교향시 「돈키호테」, 그리고 성악가가 입을 떼기 전 악기들이 먼저 웅변하듯 거칠게 말을 건네는 베토벤 교향곡 제9번 「합창」의 4악장 도입부도 프로소디의 느낌을 금방 대변해 준다.

그런데, 프로소디를 진중하게 오랜 시간 음미하려면, 그 무엇보다 먼저 베토벤의 피아노소나타를 소개할 수밖에 없다. 이 32개의 작품은, 하던 일 하면서 무심코 틀어 놓거나, 사색에 잠길 때나, 고민거리가 생겼을 때, 밤에 잠이 안 오면, 수십 년째 틀어 놓는 음악이었다. 완벽하게 달달 외워진 음악이지만 지루하지 않기에 수십 년째다. (에밀길렐스의 차분하고 진지한 연주가 생각났다.)

이 음악들을 그냥 느껴진 대로 발췌해 보았는데, 모두 속삭이듯 말 걸어오는 진지함에, 마치 무슨 문제라도 해결해 줄 것처럼 와닿는 느낌이라서 평생을 들어도 위안이 되는 음악이다.

베토벤의 피아노 소나타
제1번 2악장, 제2번 2악장, 제3번 2악장, 제4번 2악장, 제5번 2악장, 제6

번 3악장, 제7번 3악장, 제8번 2악장, 제10번 2악장, 제11번 4악장, 제12번 3악장, 제13번 3악장, 제14번 1악장, 제15번 2악장, 제16번 2악장, 제17번 3악장, 제18번 3악장, 제19번 1악장, 제20번 2악장, 제22번 1악장, 제23번 2악장, 제25번 2악장, 제30번 3악장, 제31번 3악장. 제32번 2악장.

* 브리태니커(세계적으로 유명한 종합 지식 백과사전)는 프로소디(Prosody)를 "주로 시(poetry)에서, 그리고 산문(prose)에서도 음향적이고 리듬감 있는 효과를 만드는 언어의 모든 요소에 관한 연구"라고 정의한다. 단순히 시를 짓는 규칙을 넘어, 언어가 만들어내는 소리의 패턴과 리듬 전체를 아우르는 포괄적인 개념이다.

* 프로소디(Prosody)가 음악에서 출발한 어원: 이 단어는 고대 그리스어 prosōidia에서 유래하였다. 이 단어의 본래 뜻은 '음악 반주에 맞춰 부르는 노래(song accompanied by music)' 또는 '개별 음절에 부여된 특정한 음조나 강세'였다. 언어의 리듬이 태생적으로 음악과 깊게 맞닿아 있음을 보여주는 대목이다.

* 프로소디(Prosody)의 현대적 의미의 확장: 과거의 운율학은 주로 문법의 일부로서 음절의 길고 짧음, 그리고 그것들이 모여 만드는 규칙적인 박자(meter)를 연구하는 데 그쳤다. 하지만 현대에 이르러서는 "시 전체 소리의 명확한 조음(articulation of the total sound)"을 포괄하는 방향으로 그 영역이 확장되었다.

1부 클래식 음악의 시작

* 프로소디(Prosody)의 산문 속의 음악성: 시뿐만 아니라 산문이나 일상어에서 나타나는 리듬, 두운(consonants의 반복), 모음운(vowels의 반복) 등 미학적이고 청각적인 효과들 역시 프로소디(Prosody)의 분석 대상이 된다.

* 음악-언어 공진화 가설(Musilanguage Theory): 진화생물학자 스티븐 미슨(Steven Mithen)은 인류가 'Hmmmmm(Holistic, Multi-modal, Musical, Mimetic)'이라고 부르는 원시 의사소통 체계를 가졌다고 주장한다. 이는 "언어 이전의 언어로서의 프로소디"와 완벽하게 일치한다. 즉, 인류는 논리적인 단어를 만들기 전에 소리의 높낮이와 리듬으로 감정을 소통했다는 사실을 보여준다.

* 아동 지향어(IDS, Motherese)의 원초성: 뇌과학 연구에 따르면, 영유아는 단어의 뜻을 이해하기 훨씬 전부터 어머니 목소리의 '선율적 윤곽(Melodic contour)'에 반응한다. 이는 좌뇌의 언어 영역이 발달하기 전, 우뇌의 정서 및 음향 처리 영역이 먼저 활성화되기 때문이다. "말보다 억양이 먼저다"라는 기술은 아동 발달 심리학적으로 매우 타당성이 있는 주장이다.

* 음성-음악의 직접적 호환성: 인간이 슬플 때 내는 목소리의 특징(낮은 피치, 느린 박자, 좁은 음역대)은 전 세계 모든 문화권의 슬픈 음악적 특징과 일치한다. "억양이 음계로, 강세가 리듬으로 전환될 때 손실이 없다"라는 주장은 소리의 물리적 특성이 감정 상태를 그대로 투영한다는 신경학적 근거를 아주 잘 반영하고 있다.

음악 감정의 기원

Prelude

‘프로소디(Prosody)’라는 단어의 역사를 따라가다 문득, 이것이 문학의 ‘은유(Metaphor)’와 매우 닮아있다는 사실을 깨달았다. 짧은 단어 하나에 다중의 사유를 응축해 내는 언어의 효율성이, 소리 하나에 수십 가지 감정을 담아내는 음악과 똑 닮아있었기 때문이다.

더욱 놀라운 것은 뇌과학의 증명이었다. 이 두 개념이 뇌의 특정 부위를 공유한다는 사실을 확인한 순간, 마치 엄청난 보물 지도라도 발견한 듯 가슴이 뛰었다. 음악이라는 광활한 대륙 안으로 난데없이 ‘은유’라는 손님을 초대하게 된 사연은, 바로 이 짜릿한 발견의 전율 때문이었다. 그리고 이 책에 들어간 수많은 은유는 그 효력을 성공적으로 증명한다. 그래서 이 책은 ‘은유’를 음악의 한 분파로 여기게 되었다.

은유(Metaphor):
언어의 기호로 복합 감정을 연주하다

언어의 은유(Metaphor)는 결코 단순한 말장난이 아니다. 그것은 언어라는 기호(Symbol)를 건반 삼아, 말로는 다 담을 수 없는 '복잡한 감정'을 생생하게 연주해 내는 또 다른 '언어의 음악'이다.

그것은 마치, 차가운 이성의 문자 속에 따뜻한 감성의 선율(프로소디)을 불어넣은 것이 바로 은유이기 때문이다. 이를 정의하자면, 은유는 기호로 연주하는 곡이고, 프로소디는 음악 속에 숨어 있는 언어이며, 음악은 기호 없는 은유다.

이것은 그저 아름다운 시적 표현이 아니다. 인류의 태초 시간을 더듬어 보면, 우리의 목소리는 의미와 노래가 분리되지 않은 하나의 덩어리였다. 시간이 흘러 논리와 정보는 '언어'라는 그릇에 담겨 문자로 갈라졌고,

감정과 리듬은 '음악'이 되어 가슴으로 흘러갔다. 하지만 은유는, 이 두 갈래가 남남이 아닌 탯줄처럼 연결되어 서로 공명하고 있음을 증명하는 살아있는 화석이다.

생각해 보라. 건조한 단어 몇 개로 우리 마음속의 저 복잡하고 미묘한 감정을 다 설명할 수 있을까? '슬프다'는 기호 한마디로는 가슴이 미어지는 듯한 그 먹먹함을 다 담아낼 수는 없다. 그래서 우리의 본능은 다시금 태초의 프로소디를 불러온다. 언어라는 기호 위에 리듬과 이미지를 입혀 "가슴이 무너져 내린다"라고 감정을 입체적으로 연주하기 시작한 것이다. 이것이 바로 은유가 탄생한 이유이자, 고차원적 문학예술의 시작이다.

흥미로운 점은 우리 뇌도 이 사실을 알고 있다는 것이다. 겉보기에 은유의 문자와 음악은 서로 다른 도구 같지만, 뇌의 가장 깊은 곳에서는 이 둘을 '같은 사건'으로 받아들인다. 딱딱한 문법과 단어가 좌뇌의 논리적 영토라면, 은유와 농담, 그리고 흐르는 음악은 우뇌가 지배하는 직관의 숲이다. 뇌는 이 숲에서 언어와 음악이 결국 하나의 뿌리, 즉 '복합 감정'에서 자라난 형제임을 본능적으로 알아챈다.

그래서 훌륭한 은유는 단순한 비유를 넘어 몸에 반응하게 만든다. 우리가 "마음이 시리다"는 문장을 읽을 때, 뇌는 단순히 기호를 해독하는 게 아니라 실제로 체온이 떨어지는 듯한 감각을 느낀다. 마치 슬픈 음악

127

을 들으면 가슴이 저릿해지는 것처럼, 은유는 언어라는 기호를 통해 우리의 신체 감각을 깨워 복합적인 감정을 생생하게 되살려낸다. 이것이 문학의 호소력이 되었다.

또한, 은유는 정해진 답을 강요하지도 않는다. 음악이 청자에게 해석의 자유를 주듯, 은유 또한 "이 기호가 무슨 뜻일까?" 하고 독자에게 화두를 던진다. 명확한 인과관계 대신 상상의 여백을 남겨두기에, 우리는 그 안에서 자신만의 감정을 채워 넣을 수 있다. 가사 없는 기악곡이 우리의 상상력으로 완성되듯, 은유 또한 읽는 이의 마음속에서 비로소 제각각 완성되는 자기 연주인 셈이다.

만약 우리 말에서 은유가 사라진다면 어떨까? 우리는 감정을 설명하기 위해 수많은 설명서를 낭독하듯 구차하게 기호들을 늘어놓아야 할 것이다. 하지만 은유는 그 방대한 감정의 덩어리를 단 한 줄의 문장으로 압축해 낸다. 이것은 언어의 마술이자, 우리가 그토록 그리워하는 '불친절 속의 풍요로움'인 예술의 영역이다.

우리의 뇌는 파편처럼 던져진 은유의 단서들을 놀라운 속도로 연결하며, 그 충돌의 순간에 짜릿한 감정의 스파크를 일으킨다. 시(Poem)가 그토록 강렬한 호소력을 갖는 이유도, 서로 멀리 떨어진 기호들이 만나 뇌 속에서 불꽃놀이처럼 교차하기 때문일 것이다.

음악 감정의 기원

이처럼 은유는 인류가 생존하고 소통하기 위해 찾아낸 가장 아름다운 본능이다. 이 '비결정성의 미학' 때문일까? 클래식 음악이 선사하는 그 거대하고 층층이 쌓인 복합음악감정을 문자로 옮기기 위해서는, 직설적인 서술만으로는 절대 불가능하다. 은유와 음악은 프로소디라는 어머니에게서 태어난 '감정의 쌍둥이'이자, 논리가 닿지 못하는 마음의 심연을 탐사하기 위한 유일한 기호이기 때문이다.

그렇기에, 이 책 또한 수없이 많은 은유의 화법을 빌려, 말로는 다 담을 수 없는 베일 속의 음악을 어떻게든 기호로 붙잡아보려 한다. 그 적확한 표현을 찾기 위해, 지금도 수없이 썼다가 지우기를 반복하는 중이다.

* '개념적 혼성 이론(Conceptual Blending Theory)'의 활용: 인지과학에서는 서로 다른 두 개념이 만나 제3의 새로운 공간(심상)을 만드는 것을 '혼성'이라고 한다.

"은유는 음악 속에 숨어 있는 언어"라는 관점은 이 이론과 매우 유사해 보인다.

은유가 '진화의 선물'인 이유는, 복잡한 감정 정보를 짧고 강렬한 '압축 데이터'로 전달할 수 있기 때문이라는 경제적 측면이, 생물학적 생존 전략의 하나로 보는 것이 타당해 보인다.

* 우뇌의 편측화와 기능적 공유(Right Hemisphere Specialization) : 뇌과학적으로 언어의 사전적 의미(Literal meaning)는 좌뇌가 주도하지만, 프로소디(운율)와 은유(Metaphor), 그리

1부 클래식 음악의 시작

고 음악은 주로 우뇌의 동일한 네트워크에서 처리된다. 그 근거로 우뇌는 '맥락'과 '비유'를 이해하는 중추다. 은유를 이해하는 과정은 단어의 일차적 의미를 넘어 숨겨진 뉘앙스를 파악하는 것인데, 이는 목소리의 톤(프로소디)을 통해 감정을 읽어내는 신경 회로와 밀접하게 연결되어 있다. 따라서 이들이 '감정의 사촌'이라는 표현은 신경학적으로 매우 적절한 표현이다.

* 비결정성과 인지적 유희(Cognitive Economy & Aha-moment) : "은유는 명확한 인과적 연결을 거부한다"라는 기술은 매우 중요한 생물학적 포인트다.

그 근거로 우리의 뇌는 정답이 정해진 정보보다는, 이질적인 두 정보를 결합하여 새로운 의미를 찾아낼 때 더 큰 도파민 보상을 받기 때문이다. 이를 '지적 유희' 혹은 '아하 경험(Aha-experience)'이라고 한다. 음악이 가사 없이도 감동을 주는 이유와 은유가 짧은 문장으로 가슴을 울리는 이유는, 뇌가 그 '빈틈'을 스스로 메우는 과정에서 강렬한 쾌락을 느끼기 때문이다.

* 복합 감정의 구성: 복합음악감정과 같이 은유적 표현을 접하면 뇌는 시각, 촉각, 기억 등 여러 영역을 동시에 활성화한다. "차가운 시선"이라는 은유를 들을 때 실제로 피부의 냉각 중추가 자극받기도 하는 것처럼, 은유는 파편화된 감각들을 하나로 묶어 다층적인 감정을 만들어낸다.

음악 감정의 기원

Prelude

클래식 음악을 '모든 사람이 공감하는 음악'이라 주장한다면, 일반의 독자들에게는 상당한 무모함이 따른다. 왜냐하면, 같은 선율을 듣고도 누군가는 희극을, 누군가는 비극을 떠올린다면, 그들에게 이 거대한 틈새를 대체 무슨 수로 변명할까?

사람마다 제각각인 이 감정의 변덕을 마주할 때면, 이것이 결코 단순한 설득의 문제가 아님을 깨닫게 된다. 이 과제를 차가운 과학과 따뜻한 문학의 수사로 동시에 파고든다면 과연 풀릴 수 있을까? 이 까다로운 난제를 지금보다 더 명쾌하고 다정하게 풀어낼 해법은 없는 것일까?

이 책은 이것을 굉장히 고심하여 오랜 시간을 두고 풀어왔다. 이것이 명료해야만 클래식 음악이 과학이며, 동시에 예술의 음악이라는 정당성이 확보되는 것이라서 그러하다. 본론으로 들어가기 전에 재미있는 콩트부터 준비운동하고 들어가 보자.

1부 클래식 음악의 시작

Intermezzo: 멈춰선 춤과 거울의 방

(클래식 음악당을 처음 간 팝가수가 지휘자에게 따져 묻는다.)

팝가수   지휘자 양반, 당신은 무슨 짓을 했길래 곡을 연주하는데도 수천 명의 관중이 꼼짝도 하지 않는 거요? 원래 음악이 울리면 모두 일어나 문워크라도 하며 격렬하게 흔들어 대야 하는 것 아니오!

지휘자   (다소 황당하다는 듯) 나는 그들의 본능을 억압한 적이 없습니다. 단지 그들은 팔다리로 갈 에너지를 통째로 뇌로 되돌렸을 뿐이죠!

팝가수   (팔짱을 끼고 눈을 흘기며) 뇌로 되돌렸다고? 대체 그 에너지를 어디다 쓰려고?

지휘자   (지휘봉을 내리고 차분하게 미소 지으며) 뇌 속의 '거울신

음악 감정의 기원

경원'으로 오케스트라 단원들이 뿜어내는 복잡한 소리를 흘리지 않고 세워야만, 비로소 내면의 작업대 위에서 그 소리를 감상해 낼 수 있기 때문이랍니다.

팝가수 허, 근육을 멈춰야만 신경세포가 제대로 모방 연주 (감상)를 할 수 있다는 거군!

지휘자 그렇죠! 물리적 침묵은 그 거대한 내적 무도회에 입장하기 위한 기본예절이죠. 청중들은 공기 중으로 흩어져 버리는 소리를 무의식적으로 주워 담아, 뇌라는 작업대 위에서 하나의 거대한 논리적 극단으로 조립하는 과정이랍니다. 내가 기막히게 지휘하면, '거울신경원'은 그 요염한 소리를 마음속에 현란하게 재현해 내지요. 겉으로는 정숙하지만, 머릿속에서는 가장 격렬하고 호화로운 스텝을 밟고 있는 겁니다!

팝가수 (이제야 이해한 듯) 호~ 그렇구나! 신체는 멈춰 세우되, 뇌 속에서 가장 화려한 무도회를 열게 했다는 거였구나!

클래식의 객관성,
감정의 농도일까 감정의 색채일까

클래식 음악의 감동이란 과연 무엇일까? 음악 속의 '감정의 색채'가 감동을 만들어내는 것일까? 아니면 그 색채가 무엇이든 상관없이, 그 안에 응축된 여러 갈래의 느낌으로 분화하기 전의 '감정의 농도'가 우리를 흔드는 것일까? (농도의 의미가 이후 계속 설명된다.)

이하, 표면으로 드러나는 희로애락의 다양한 정서적 느낌을 '감정의 색채(Affective tonality)'라고 이름 지었다. 또한, 여기서는 그것을 '색채'라고 줄여서 부르기도 한다. '색깔'은 감정의 특정한 하나의 느낌을 나타내는 말로 쓴다.

슈베르트의 가곡 「마왕」에서 피아노가 셋잇단음표로 몰아치는 다급한 울림을 어떤 이는 아이를 뒤쫓는 마왕의 공포로 느끼지만, 또 다른 이는 그 불안한 리듬 속에서 오히려 심장이 뛰는 경쾌한 흥분을 느끼기도 한다. 베를리오즈 「환상교향곡」 4악장 '단두대로의 행진' 역시 누군가에게는 씩씩한 개선 행진처럼, 누군가에게는 처형장을 향한 비극적 발걸음으로 들린다. 같은 음악이 전혀 다른 해석을 낳는다면, 우리는 흔히 그 감동 또한 각자의 주관일 뿐이라 믿게 되고, 심지어는 클래식 음악은 제멋대로의 주관적인 음악이라 여기게 될 것이다.

그러나 음악은 해석되기 이전의 의식보다 더 깊은 층위에서 하나의 거대한 감각 덩어리로 먼저 우리에게 각인된다. 이 책은 이것을 '감각의 원형(Archetype of Sensation)'이라 부른다.

그것은 소리가 대뇌피질의 자아를 거치지 않고 편도체로 직행하여, 이성적 검열이 시작되기도 전에 감정이 본능적으로 포착해 낸 날 것의 울림이다. 그것은 '나'라는 자아가 해석한 것이 아닌, 수백만 년의 시간이 우리 몸에 새겨놓은 '선험적 감각'의 흔적이다. 그 원형에서 생성되는 음악 속 느낌의 무게를 '감정의 농도'라고 이름 지었다.

뇌과학자 조셉 르두(Joseph LeDoux)가 말한 '로우 로드(Low Road)' 경로처럼, 소리는 이성적 사고를 담당하는 대뇌피질을 거치지 않고 곧바로 편도체(amygdala)로 전달된다. 우리는 음악을 채 이해하기도 전에 이미 그 감각을 먼저 맞아버린다는 것이다.

그래서 누군가는 어떤 곡을 처음에는 비극으로 들었다가 훗날 희극으로 해석할 수는 있어도, 그 음악이 남긴 감각의 무게 자체는 좀처럼 흔들리지 않는다. 음악은 의미를 설명하기도 전에 압도적인 감각을 먼저 쏟아내기 때문에, 우리가 '감정의 색채'로 이어지는 순간, 이미 핵심은 손가락 사이로 벌써 빠져나가 버린 후다.

감정의 색채가 다양하게 갈라지는 이유는, 우리 몸속에 저장된 기억과 소리의 파편들과 생각의 방향이, 음악을 만나 저만의 감정적 파노라마를 펼쳐내기 때문이다. 이 파노라마는 클래식을 단일한 감정이 아닌 다층적인 감정의 세계로 확장한다. 그래서 대부분의 클래식 작품이 '교향곡 제5번', '소나타 K.331' 같은 건조한 번호만 남겨둔 것은, 우연이 아니라 해석의 무한한 가능성을 열어두기 위한 필연에 가깝다. (흔들리는 색채의 비밀이 '음악 감정의 기원'에서 밝혀지게 된다.)

반면에, 대중음악은 특정 정서를 정확히 전달해야 한다. 감정의 색채가 사람마다 달라진다면 그것은 대중적 소통에 실패한 음악이 된다. 그래서 가사는 악기 위에 올라타 감정의 방향을 고정하고, 음악의 해석을 하나의 정서로 수렴시킨다. 이 두 음악의 차이가 무엇일까?

클래식 음악이 처음부터 표제 없이 시작한 것은, 그것이 무엇을 말하거나 감정의 색채를 지시하는 음악이 아니라, 사유와 해석을 요구하는 구조였기 때문이다. 같은 음악 앞에서도 청중의 감정은 언제나 제각각이

음악 감정의 기원

었고, 이러한 비일관성은 하나의 제목이 음악을 특정한 색깔로 규정할 수 없다는 사실을 드러낸다.

C. P. E. 바흐는『건반 악기 연주법에 관한 시론』에서 "음악가는 스스로 감동하지 않고서는 남을 감동시킬 수 없다. 음악가는 청중에게 불러일으키고 싶은 모든 감정을 스스로 느껴야만 한다."라고 말했다. 그 책의 일관성을 미루어 보아, 그는 오히려 '떨림'이라는 '감각의 원형'만을 전달함으로써, 청자마다 제각각 다른 감정으로 공명할 수 있도록 무한한 '해석의 여백'을 열어두었다는 뜻이리라.

마치 거대한 파도가 밀려올 때 우리가 그 파도의 색깔을 따지기 전에 엄청난 수압에 먼저 압도당하듯, 클래식은 애초부터 희로애락을 구분하는 예술이 아니라 우리 영혼을 짓누르거나 벅차오르게 만드는 '감정의 농도' 그 자체가 핵심이고, 뒤따라오는 '감정의 색채'는 부연하는 예술이었다는 사실이 깊이 사유할수록 더 명백하게 다가온다.

이것을 이해 못 한 시대에, 청중은 그 무게를 해석 없이 견디기보다 이해하기를 원하였고, 표제가 등장했다. 하지만 표제음악마저도 끝내 감정을 하나로 묶어내지는 못했고, 사람들은 다시 일관성 없는 인상을 토로했다. 이로써 클래식은 낭만파 음악에 이르러서조차 감정의 색채를 말할 수 있다는 믿음 자체가 무색해졌다.

결국 20세기에 음악은 다시 제목을 내려놓고, 설명을 거부하며, 감정을 지시하는 대신 그 무게만을 남기는 무제의 형식으로 회귀한다.

그 결과 클래식은 일관된 감정을 전달하는 음악이 아니라, 서로 다른 감각과 해석을 끊임없이 생성하는 사유의 음악으로서, 변함없이 자기 자신을 유지해 온 역사적 정당성을 지닌 예술이 되었다. 그래서 클래식 음악은 똑 떨어지는 결론을 요구하지 않는다. 대신 사유를 멈추지 말 것을 요청한다.

그렇기에 클래식은 유행 음악처럼 소비되고 멈추는 대상이 아니라, 나이를 먹어가며 달라진 생각으로 마주할 때마다 다른 느낌으로 반복되며 끝없이 새로운 사유를 요구하는 음악이 되었다.

그렇다면, 그 '감각의 원형'이란 무엇일까?

이제부터 그 실체 속으로 들어가 궁금증을 풀어보자.

그것은 해석되기 이전에 발생하는 '생물학적 진실'이다.

어떤 음악이 반복될수록 확신처럼 다가오는, 무의식이 툭 던져주는 그 강렬한 느낌. 그것은 소리가 복잡한 대뇌피질을 우회해 편도체에 직접 꽂힐 때 발생하는 '물리적 무게감' 또는 '감정의 총량'이다.

뇌는 진화의 과정에서 이 무게감을 느끼도록 똑같이 설계되었다.

반면, 그 무게감을 전달받은 자아가 이차적으로 만들어내는 '감정의

음악 감정의 기원

색채'가 발현되는 목적은 따로 있었다. 그것은 느낌의 방향대로 현실 속의 사건을 계산된 행동으로 이어가려는, 바로 다음 동작으로의 촉발(Triggering of Action)을 위한 것이었다.

다시 말하면, 감정의 색채란 '감각의 원형'이라는 날것의 에너지와 자아의 고유한 삶의 맥락 둘을 긴밀하게 숙의해낸 결과물이다. 이러한 느낌의 발현은 단순한 여운이 아니라, 그 울림에 반응하여 최선의 생존적·사회적 행동을 결정하기 위한 판단의 신호탄이었다.

이처럼 사람들의 행동에는 항상 감정이 먼저 촉발하며, 그 감정의 색깔대로 행동하기 마련이었다.

조셉르두(Joseph LeDoux)의 이론을 빌리자면, 로우로드(Low road)와 하이로드(High road)가 만나서 숙의 끝에 내려지는 행동의 방향타 같은 것이다.

놀랍게도, 감정을 뜻하는 영어 단어 'Emotion'의 어원 자체가 라틴어 'emovere(움직이다)'에서 왔다고 한다. 어원이 '밖으로(e-)'와 '움직이다(movere)'라는 합성어였다는 사실은 자못 의미심장하다.

본래 감정의 색채는, 신체적 행동을 통해 외부로 표출해야 하는 운명을 타고났다. 그러나 클래식은 'e-'의 경로를 차단하고 청중을 정적 속에 가둔다. 갈 곳 없는 움직임은 내면으로 굴절되어 층층이 쌓이고, 감정의 농도는 더 짙어져서, '내밀한 폭발'의 예술로 변모해 간 것이다.

그리하여, 클래식 음악은 여기서 새로운 국면을 맞이하였다.

움직임이 멈추니, 색채의 비중이 점점 옅어지게 된 사건이었다.

곰곰이 생각해 보니, 오랜 세월을 이어 온 '율동의 음악'은 춤추며 노동하는 육체적 행동이 항상 뒤따랐다. 그런데 불과 500년 전의 순음의 기악음악이 등장하자, 점차로 가만히 앉아서 듣는 음악으로 변화되지 않았는가? 오히려 몸의 움직임을 멈추고, 긴장을 가라앉히며 명상하는 듯이 음악 감상하는 태도로 바뀌어 간 것이었다.

인류의 음악사를 통틀어 보면, 음악을 듣자, 몸을 흔들어 대는 사람들이 이상한 게 아니고, 오히려 클래식 음악에 청자가 소리에만 집중하는 모습이 더 낯선 것이었다.

그 이유는 율동 음악과 달리, 순음의 기악은 섬세한 감정 표현으로 음악적 서사(Story)를 만들어냈기 때문이다. 그렇게 서사가 있는 음악이나 문학은, 근육을 이완하고 소리에만 집중하려는 경향이 있는데, 이는 온 힘을 머리에만 집중하여 그 서사를 골똘하게 이해하려는 자연스러운 생리적 요구에 의한 것이었다. 그렇기에, 클래식이 타 음악과 구별되는 현저한 차이점을 보인 것이다.

그렇다면, 청자는 그 에너지를 어디에 쓰는 것일까?

그들 모두는, 남은 에너지를 자아의 논리적 사고에 사용하지는 못한다. 음악이 너무도 빨리 지나가서, 생각하는 순간 바로 다음의 소리가 밀려오기 때문이다. 결국 감정은, 에너지를 듬뿍 받아서 오직 소리의 서사에만 집중적으로 투자할 수밖에 없으니, 그것이 '감각의 원형'을 강화하는 데 쓰일 수밖에 없지 않은가.

그 남은 에너지는 뇌의 심연으로 쏟아진다. 화성음의 짜임새와 다성음의 실타래를 풀어내고, 건반의 타격을 질감으로 형상화하며, 현의 굴곡을 미세하게 따라가듯 여러 겹의 해석에 온 힘을 쏟아낸다. 그 정적의 뇌 안에서는 수백만 년간 갈고닦은 '추론의 본능'이 이 거대한 정보량을 처리하기 위해 비명 지르듯 질주하고 있을 것이다. 특히, 다성음(Polyphony, 多聲音)을 3개 이상의 개별적 서사로 분리해 내는 일은 뇌의 한계를 고도로 끌어 올린다. (인지적 임계점) 이것이 많은 에너지를 소모하는 것이라서, 몸이 춤출 수가 없었다.

그렇게 음악에 집중하며 매 순간 알아차림의 가짓수가 많아지게 되니, 많은 알아차림의 가짓수만큼 감동의 농도가 짙어진 결과였다. 감정은 마치 "오호, 내가 이렇게나 많이 해석해 버렸네, 정말 잘했어, 그러니 도파민을 많이 뿌려줄게!" 하며 학습을 올바로 수행한 순진한 학생처럼 기뻐할 것이다. (유능성 동기(Competence Motivation) 즉 '감정'에는, 흥미가 지속되는 알아차림의 총량이 중요할 뿐, 그 속의 색깔이 중요한 것이 아

1부 클래식 음악의 시작

니었다.

그것은 몸을 흔드는 쾌감보다는 마음의 떨림을 쫓는 것이 더 큰 유희임을 알아차린, 생리적 우선순위의 선택이다. 바로 이 지점에서 클래식은 감정이 가진 원래의 목적, 즉 '행동의 의무'로부터 사실상 해방되어 간 것이다.

이것은 간단한 실험으로도 확인된다.

음악을 들으며 흥거운 듯 지휘자처럼 몸을 흔들어 대면, 오히려 감정의 색채가 더 올라붙어 흥분하기 쉬운 상태가 된다. 이는 원시 음악의 잔재가 아직도 몸속에서 작동된다는 방증이기도 하다.

반대로, 재즈처럼 율동의 음악은 몸을 움직여야 진정한 흥이 일어난다. 규칙적인 율동은 심장을 독려하며 흥분을 연료로 태워낸다. 재즈를 연주하거나 듣는 사람들 모두가 왜 그렇게 몸을 흔들 듯 춤추며 즐거워하였는지 의문이 풀리는 대목이다. 그들에게서 몸을 움직이지 못하게 클래식처럼 듣게 해보라, 그들이 뭐라고 할까?

이런 현상처럼, 음악이 뇌의 보편적 행동양식을 교묘하게 도둑질한 것이라 말하는 학자도 있다. 인간의 뇌가 생존을 위해 유구한 세월 동안 구축해 온 치밀한 작동 방식을, 클래식은 불과 500년이라는 찰나의 시간을 통째로 가로채어 자신을 위한 감동의 도구로 써버렸기 때문이다. 그런즉, 이 급작스러운 도둑질 때문에 뇌는 별도의 행동이 필요 없음에도, 습관적으로 따라오는 '감정의 색채'를 미처 다 걸러내지 못했을 거라는 추론이다. (색채를 덜어냄)

이 기묘한 현상을 설명할 수 있는 열쇠는 바로 '굴절 적응(Exaptation)'이다. 이것은 진화생물학의 용어로, 뇌가 생존을 위해 유구한 세월 동안 구축해 온 치밀한 작동 방식을, 음악이 불과 수백 년이라는 찰나의 시간 동안 통째로 가로채어 자신을 위한 감동의 도구로 써버렸다는 뜻이다. 그렇게 너무 빨리 변화하여 미처 따라가지 못한 마음의 작용을 오늘날의 클래식이 겪어내고 있는지도 모른다.

세계적인 석학 스티븐 핑커는 비슷한 이론으로 "음악은 청각적 치즈케이크다"라고 단언했다. 우리가 생존 본능인 식욕을 해킹해 치즈케이크라는 쾌락을 만들었듯, 음악 역시 뇌의 생존 회로를 교묘하게 도둑질해 만든 '인공적 쾌락'이라는 것이다.

여기에 나열된 학자들은 모든 장르의 보편적인 음악에 대하여 한 말이지만, 클래식의 '감정의 색채'가 변화된 짧은 역사 또한 그 범주 안에서의 도둑질처럼 빠른 변용을 만들었기에 이에 인용한 것이다.

그 변용이란, "클래식은 몸을 움직이며 듣는 음악이 아니다."

서 있는 것도 아까운 듯 앉아서 몸도 삐딱하게, 때론 심각한 듯 머리를 괴이며, 눈을 감기도 하듯이. 행동(춤)으로 발산해야 할 에너지를 머릿속 상상의 에너지로 더 꽉꽉 밀어 넣으니, 얄팍한 '감정의 색깔'로 흩어지지 않고, 내면을 짓누르는 압도적인 '감정의 농도'를 지니게 된 것이다.

그러한 변용은, 우리가 음악을 들으며 느끼는 감정의 색채가 사실은, 뇌가 '오랜 습관'에 속아, 엉뚱한 곳에 음악 감정을 쏟아버린 '아름다운 오작동'일지도 모르는 일이다.

그런데도, 비록 그것이 진화의 궤도에서 벗어난 일종의 '오작동'이라 할지라도, 우리의 뇌가 빚어내는 '감정의 색채'는 기어코 어느 특정한 색깔 쪽으로 치우치기 마련이다. 이 얄팍한 색채가 음악의 본질에서 크게 중요하지 않다고 해도, 만약 이것마저 완전히 사라진다면, 우리가 어떤 막막한 상황을 맞이할지는 아무도 모른다. 실제로 우리가 어떤 음악을 듣든, 옅게나마 무슨 색깔로든 감정의 느낌은 반드시 피어오르지 않았던가.

이런 이유로, 클래식이 선사하는 거대한 감동 속에는 '변함없는 무게(감각의 원형)'와 '흔들리는 색채(주관적 해석)'가 늘 혼재한다. 하지만 이 둘을 저울질해 본들, 주관적인 색채는 전체의 묵직한 중심을 흔들지 못하고 미미한 떨림만을 만들어낼 뿐이다.

실제로 「환상교향곡」의 서사를 모른 채 오랫동안 개선행진곡처럼 느껴진 음악이, 슬픈 사형장으로의 행진곡이어도, 그 음악의 감흥은 전혀 달라지지 않았다.

이제 결론을 내놓아야 할 때가 왔다.

언어의 음악은 이성이 주도하는 '감정의 색채'가 좌우하지만, 무언의 음악은 감정이 주도하는 '감각의 농도'가 객관성의 척도가 된다.

감정의 색채가 특정 방향을 가리키는 방향타라면, 감각의 원형은 마치 줄기세포와 같이 모든 감정으로 분화할 수 있는 '미분화된 가능성의 중압감' 그 자체였다. 그렇기에 「환상교향곡」이 제시한 표제조차, 그 음악이 품은 육중한 '무게' 앞에서는 한낱 부차적인 장식에 불과했던 것이다.

어떤 감정의 색으로 채색되든 흔들리지 않는 무게 중심.

이것이 바로 클래식 음악의 위대한 객관성이다.

* 로버트 화이트(Robert W. White)의 유능성 동기 이론: 화이트는 인간에게 '효능 동기(Effectance Motivation)'라는 근원적인 에너지가 있다고 주장했다.

· 핵심: 인간은 특별한 보상이 없어도 주변 환경을 탐색하고, 조작하고, 그것에 영향을 미

치고 싶어 하는 본능이 있다는 주장.

· 효능감(Feeling of Efficacy): 뇌가 자신에게 주는 훈장. 유능성을 발휘해 환경을 통제하거

나 문제를 해결했을 때 느끼는 주관적인 즐거움을 화이트는 '효능감(Feeling of Efficacy)'

이라 불렀다. 이 쾌락은 외부의 칭찬이 아니라, "내 능력이 이 복잡한 것을 해냈다."라는

자기 확신에서 온다. 이것이 바로 도파민을 분출시키는 엔진이다.

* 조셉 르두(Joseph LeDoux) – 로우 로드(Low Road): '감각의 원형'이 왜 해석(이성)보다 앞

서고 강력한지 설명하는 뇌과학적 근거로 사용하였다.

1. 로우로드(Low Road): 본능의 지름길

· 경로: 시상 → 편도체(Amygdala) 이 책의 '감각의 원형'에 해당한다.

· 특징: 대뇌피질(이성)을 거치지 않고 곧장 감정 센터로 쏟아지는 직통 노선

2. 하이로드(High Road): 이성의 우회로

· 경로: 시상(Thalamus) → 감각피질·전전두엽(Cortex) → 편도체(Amygdala)

· 특징: 정보를 고등 사고 영역으로 보내 정밀하게 분석하는 '숙의 노선'이다.

* 자크 판크세프(Jaak Panksepp) – 분리 고통(Separation Distress): 슬픔이 단순한 감정이 아

니라 '생존 본능'임을 증명하는 진화생물학적 근거로 사용하였다.

* 스티븐 미슨(Steven Mithen) – 음악언어(Musilanguage) & 유아어(Motherese): 아다지오가

왜 프로소디를 호출하며 안정감을 주는지 설명하는 진화론적 근거로 사용하였다.

음악 감정의 기원

---- 도둑질 이론 정리 ----

• 스티븐 핑커(Steven Pinker) – 청각적 치즈케이크(Auditory Cheesecake)

"음악은 생존을 위해 진화한 것이 아니라, 뇌의 쾌락 버튼을 누르기 위해 발명된 기술이다." 인간이 생존 필수품인 당분과 지방을 농축해 '치즈케이크'라는 쾌락을 만들었듯, 음악 역시 언어, 감정, 청각 분석 등 뇌의 기존 생존 회로들을 교묘하게 자극(Hacking)하여 쾌락을 극대화한 '인공적 부산물'이라는 주장이다.

• 스티븐 제이 굴드(Stephen Jay Gould) – 굴절 적응(Exaptation)

"음악은 진화의 목적이 아니라, 다른 기능의 발달 과정에서 생겨난 우연한 부산물(Spandrel)이다." 새의 깃털이 체온 유지를 위해 생겨났다가 훗날 '비행'의 도구로 쓰이게 된 것처럼, 인간의 고도화된 인지 능력과 언어 능력이 '예술적 유희'라는 새로운 용도로 전용(Co-opted)되어 정착했다는 이론이다.

• 댄 스퍼버(Dan Sperber) – 기생적 적응(Parasitic Adaptation)

"음악은 뇌의 인지 시스템에 기생하여 번성하는 문화적 바이러스와 같다." 음악이 인간의 뇌가 가진 고유한 정보 처리 방식(패턴 인식, 감정 반응)에 완벽하게 맞물려 들어가, 마치 숙주에 기생하듯 뇌의 자원을 가로채어(Hijacking) 번식하고 전파된다는 관점이다.

1부 클래식 음악의 시작

---- 도둑질 이론의 반대론자 ----

• 진화인류학자 로빈 던바(Robin Dunbar)는 음악이 도둑질한 것이 아니라, 뇌가 생존을

위해 적극적으로 발명한 '사회적 털 고르기(Social Grooming)'라고 주장한다.

• 찰스 다윈(Charles Darwin) & 제프리 밀러(Geoffrey Miller) – 성 선택(Sexual Selection)

"음악은 공작새의 꼬리와 같은 구애의 도구다."

• 스티븐 미슨(Steven Mithen) – '흠(Hmmmmm)' 이론

"음악과 언어는 하나의 뿌리에서 나왔다."

• 엘렌 디사나야케(Ellen Dissanayake) – 특별함 만들기 (Making Special)

"음악은 어미와 아기를 묶어주는 탯줄이다. 음악적 요소(리듬, 톤의 변화)는 어미와 아기 사

이의 상호작용(Baby talk)에서 시작되었다. 또한 집단의식(Ritual)에서 일상의 평범한 시간

을 '특별한 것'으로 승화시켜, 구성원들에게 심리적 안정감을 주고 불안을 해소하는 '정

서적 생존 도구'로 기능했다.

음악 감정의 기원

감각의 원형:
그 속 고대의 언어를 소환하다

감각의 원형, 그것은 무언(無言)의 시대를 살아낸 조상들이 남긴 가장 오래된 유산이자 생존의 설계도이다.

언어가 태동하기 전, 인류는 영겁의 세월을 오직 '프로소디(운율)'와 몸짓만으로 서로의 영혼을 읽어내야 했다. 명료한 정의가 부재했던 시대, 조상들은 웅얼거림 속의 미세한 고저장단, 호흡의 떨림, 근육의 긴장을 통해 단 하나의 정확한 의도를 포착하고자 감각을 극한으로 갈고닦았다.

오늘날 우리는 언어가 거세된 정적 속에서 타인의 의도를 파악해야 하는 상황을 당혹스러워하지만, 사실 그것은 인류가 생존을 위해 수백만 년간 수행해 온 가장 처절하고도 정교한 소통 기술이었다. 당시의 오독(誤讀)은 곧 죽음을 의미했기에, 그 해독은 편도체로 직행하는 본능의 지름길처럼 날카롭고 신속해야만 했다. 텍스트와 논리에 익숙한 현대인은 이해하기 힘들겠지만, 우리 조상들은 언어 없이도 공포와 환희, 유대감을 공유하는 데 아무런 문제가 없었을 것이다.

작은 단서만 가지고도 빠르고 정확하게 해석하는 추론의 능력을, 클래식은 아무런 제약 없이 즉시 가져다 쓸 수 있었다. 왜냐하면, 클래식이 고대로부터의 의사소통 방식과 별다른 차이가 없었기 때문이다.

아니 어쩌면, 클래식이 좀 더 쉬운 해독이었을지도 모른다.

조상들은 클래식 음악의 의도보다는, 더욱 날카로운 의미로 읽어내야만, 그들끼리의 유효한 신호로 올바르게 행동했을 테니까.

영겁의 세월 동안 누적된 이 놀라운 '알아차림'은 사라진 과거가 아닌 현대인의 몸속에 그대로 녹아있다. 이성이 닿지 않는 심연에서 우리를 움직이는 보이지 않는 손이 바로 이것이다.

이 도구가 층층이 쌓인 세월은 수백만 년의 기나긴 침묵이다. 대뇌피질을 거치기도 전에 감정을 직접 주관하는 이 '감각의 원형'은 인류사 전체를 지탱하는 거대한 암반층이다. 500년의 클래식 역사가 아무리 정교할지라도, 인류의 전체 시간 선상에서 그것은 잉크 두께에 불과한 찰나의 기록일 뿐이다.

음악 감정의 기원

결국 클래식 음악의 무게 중심이 '감각의 원형'에 있다는 것은, 그것이 지적 유희를 넘어 고대의 소통 방식을 소환하기 때문이다. 수백만 년의 시간이 응축된 그 육중함이 다가올 때, 클래식의 감동은 단순한 즐거움을 넘어 생존의 역사가 빚어낸 거대한 핵심으로 위용을 드러낸다. 우리는 그 압도적인 무게 덕분에 비로소 삶의 일상보다 더 깊은 몰입의 장소까지 도달할 수 있게 되었다.

자아가 빚어내는 음악의 긴 서사:
감각에서 구조로

앞서 감각의 원형을 논하며, 찰나의 속도로 흐르는 음악을 오직 감정만이 실시간으로 해석할 수 있다고 하였다. 그런데, 감정은 미시적 논리로 눈앞의 짧은 서사를 포착하는 데는 탁월하지만, 기나긴 음악적 서사를 온전히 기억하지는 못한다.

이는 짧고 강렬하게 해석해야 하는 감정 특유의 휘발성 때문이다. 그래서 감정은 '정서적 잔상'만을 남기고 '구조적 기억'은 이성이 그 역할을 도맡는다.

이처럼 음악이 흐르는 동안에는 자아의 이성이 함부로 개입할 수 없음은 자명하다. 자아의 거시적 논리는 해석의 속도가 너무 느릴 뿐만 아니라, 감정의 실시간 해석에 이성까지 끼어든다면 뇌는 이내 과부하 상태에 빠져버릴 것이다.

그러나 음악의 본질은 반복하는 예술이 아니던가.

음악의 한 악장이 끝나고 정적이 찾아오면, 우리 안에는 어렴풋한 기억의 잔상이 남는다. 바로 그 찰나의 빈틈에서 자아는 비로소 움직이기 시작한다. 나도 모르는 사이에 음악의 긴 서사를 재구성하고, 흩어진 감각들을 모아 구조를 만들어낸다.

음악이 끝나고 쉬는 사이, 의식적이든 무의식적이든 반복된 기억은 뇌에 의해 중요한 학습 대상으로 격상된다. 이러한 내면의 움직임은 현대 뇌과학에서 말하는 오프라인 공고화(Offline Consolidation) 과정과 일치한다. 소리 자극이 멈춘 정적의 시간 동안, 뇌는 정보를 재배열하여 단기적인 감각 경험을 장기적인 서사 구조로 정착시킨다.

한 자리에서 같은 곡을 무한히 반복해 듣는 것이 이내 지루해지는 이유가 여기에 있다. 곡과 곡 사이에 해석할 빈틈이 사라지면, 뇌가 정보를 재처리하고 새로운 알아차림의 변화분을 만들어낼 오프라인 공고화의 기회조차 없기 때문이다. 실제 경험에 비추어 볼 때, 이 빈틈은 때로는 꽤 긴 숙성의 시간을 요구하기도 한다.

음악 한 곡이 끝나고 찾아오는 여유로운 침묵 속에서, 음악은 비로소 긴 서사적 이야기로 탈바꿈한다. 이렇게 자아가 결정한 해석은, 다시 그 음악을 대하는 순간, 빠른 깨달음(Remark)이 되어 새 알아차림으로 다

1부 클래식 음악의 시작

가온다.

그렇게 반복 청음 사이에 적절한 휴식의 간격이 놓일 때, 조직화의 그물망은 더욱 촘촘해지며, 우리가 발견하는 의미의 가짓수는 비약적으로 늘어난다.

결국 음악을 완성하는 것은 들리는 소리의 감각을 재료 삼아 소리와 소리 사이의 빈틈을 메우는 조직화를 위해, 자아가 숙성해내기 위한 해석의 시간이었다. 이 같은 학습기재는, 음악뿐만이 아닌, 인생 모든 알아차림의 방법론이었다.

* 오프라인 공고화(Offline Consolidation)

· 주요 연구자: 엔델 툴빙(Endel Tulving) 및 현대 신경과학계 (UCLA 등)

· 핵심 내용: 툴빙은 기억의 체계를 정립하며, 정보가 단순히 입력되는 단계를 넘어 뇌가

　휴식하는 동안 '재배열'되어 장기 기억으로 고착되는 과정을 설명했다.

* 에피소드 기억(Episodic Memory)

· 제창자: 엔델 툴빙(Endel Tulving)

음악 감정의 기원

· 핵심 내용: 지식으로서의 기억(의미 기억)과 구별하여, 개인의 경험과 시간적 맥락이 포함된 '사건 중심의 기억'을 정의하였다.

· 연결: 낱개의 음표들이 자아의 해석을 거쳐 '나의 인생에서 경험한 하나의 특별한 서사'로 변모하는 과정을 설명하는 유력한 근거다.

* 이중 프로세스 이론(Dual-Process Theory)

· 제창자: 대니얼 카너먼(Daniel Kahneman) 및 키스 스토노비치 (Keith Stanovich)

· 핵심 내용: 인간의 인지를 빠르고 직관적인 '시스템 1(감정/직관)'과 느리고 논리적인 '시스템 2(이성/자아)'로 구분했다.

Intermezzo: 천상의 대법정

재판장인 신(God)이 의사봉을 들고 엄숙히 앉아 있다.

방청석에는 제비뽑기로 소환된 어느 오케스트라 단원들이 악기를 껴안은 채 불안에 떨고 있고, 피고석에는 그들의 수장인 지휘자가 연미복 차림으로 우아하게 앉아 지휘봉을 탁탁 내리치고 있었다.

맞은편 원고석에는 지난 오백만 년간(육천만 년인지도) 인간의 뇌를 진화시킨 기술자 '수호천사'가 설계 도면을 움켜쥔 채 앉아 있다.

원고(수호천사) (복잡한 도면을 흔들며 피고석을 노려본다.) 재판장님! 저는 저들을 '생체 정밀 기기 무단 조작' 및 '감정회로 불법 사용' 혐의로 고발합니다! 재판장님이 주신 생명을 이어가려고, 제가 지난 오백만 년간 인간의 뇌를 어떻게 설계했습니까?

사자 피하라고 '공포 회로' 깔아줬고요, 밥 잘 찾아 먹으라고 '보상회로' 깔아서 완벽한 '생존 요새'를 구축해 놓았지 않습니까!

피고 (지휘자) (억울하다는 듯 지휘봉을 만지작거리며) 아니, 저희는 그저 아름다운 소리를 좀 들려줬을 뿐인데, 거참….

원고 (수호천사) (지휘자의 말을 끊으며) 아름다움? 그게 문제야! 이제 겨우 오백 년도 안 되는 그 요사스러운 소리 때문에, 내가 만든 정밀 기계가 오작동을 일으키잖아!

맹수가 온 것도 아닌데 심장 박동수(Presto)를 올리고, 초상집도 아닌데 눈물샘(Adagio)을 개방해 버립니다.

이건 명백한 시스템 해킹입니다!

재판장 (신) 흠…. 그래서, 구체적인 피해가 뭔가?

원고 (수호천사)　　무임승차입니다! 저자들은 영겁의 생존 시스템을 제멋대로 갖다 쓰면서도, 정작 사용료는 한 푼도 내지 않습니다!

불쌍한 '뇌'는 오늘도 저 뻐꾸기(음악)가 제 새끼인 줄 알고, '감동'이라는 최고급 도파민을 퍼 나르고 있습니다. 내가 이러려고 오백만 년을 야근하며 기술 개발했나 자괴감이 듭니다!

피고 (지휘자)　　(방청석의 단원들에게 살짝 미소 지으며) 존경하는 재판장님, 하지만 그 '오작동' 덕분에 팍팍한 기계가 비로소 '인간'이 된 것 아니겠습니까? 기술자님은 '기능'을 주셨지만, 저희는 그들에게 '낭만'을 줬습니다. 우리는 그저 하던 일 한 것뿐이고요. 감정이 가는 대로 연주한 죄밖에 없습니다. 저희야말로 정말 억울해요! 흑, 흑, (거짓 눈물)

재판장 (신)　　(얼굴에 묘한 미소를 지으며) 오호라, 도둑질은 했지만, 이제는 서로가 없으면 안 된다는 거군! 서로 완벽한 '공진화(Co-evolution)'를 이루

음악 감정의 기원

었으니 고발을 기각한다. 속는 뇌도 행복해 보이니, 그냥 계속 속아주도록 하여라. (탕! 탕! 탕!)

음악 속의 예외:
상실을 주는 슬픈 고통의 음악

앞서 말한 '도둑질'과 '자기기만'의 논리를 가볍게 뛰어넘는 예외적인 감정이 하나 존재한다. 바로 '상실과 슬픔', 또는 '고통'의 음악이다. 왜냐하면 위기 상황에서는 생존을 위해 모든 감각과 에너지를 총동원해야 하기 때문이다. 비록 그것이 음악일지라도, 뇌는 상실의 소리를 실제적인 '위험 신호'로 감지하고, 어떻게든 행동하려는 욕구를 자극하기 때문이다.

정서신경과학자 자크 판크세프(Jaak Panksepp)는 이를 '분리 고통(Separation Distress)' 시스템이라 불렀다. 이는 포유류의 뇌 깊숙이 새겨진 생존의 신호다. 기쁨은 선택이지만, 상실은 생명을 지키라는 경고다.

이러한 음악은 종종 느린 아다지오(Adagio)의 시간 속에서 나타난다. 느린 호흡은 인간 음성의 프로소디와, 어미가 아이를 달랠 때 사용하는 유아어(Motherese, Infant-directed speech)를 호출한다. 스티븐 미슨(Steven Mithen)은 이를 언어 이전의 원초적 소통 체계인 '음악언어(Musilanguage)'의 잔재라 설명한다.

결국 우리는 음악이 무엇을 말하는지 이해하기 전에, 그 음악이 나의 생존 감각을 건드렸다는 사실을 먼저 알아차린다. 바로 이 지점에서 상실과 슬픔의 음악은 단순한 '감정의 색채'를 넘어, 음악이 도달할 수 있는 가장 깊고 보편적인 '감각의 원형' 그 가까이서 자리 잡는다.

지금까지의 이야기는, 클래식의 입문을 위한 음악감상의 방법론과 함께 앞으로 펼쳐질 '음악 감정의 기원'을 본격적으로 이해하기 위한 기초 지식을 전개한 것이다.

클래식 입문자라면, 지금까지 이야기로도 왜 음악을 반복하여야 하는지 이해하였을 것이다. 그렇다면, 드디어 음악을 듣는 방법 거의 전부가 이식된 것이다. 왜냐하면, 음악의 즐거움은 나도 모르는 사이 '감정'이 모두 알아서 재미있는 서사를 들려줄 것이니까.

그래도 궁금증이 있다면 더 나아가도 좋을 것이다.

이렇게 구성한 것은, 생물학과 음악의 통섭 과정에서 파생된 신조어나 새로운 개념들을 설명하기 위하여 그러하였다. 새로 만들어진 음악 용어에 익숙하며, 음악을 바라보는 생물학적 시각을 형성해야만 음악 감정의 기원을 설명하는 데 걸림돌이 되지 않기 때문이었다. 이 책의 제목인 흥미진진한 음악 감정의 기원 속으로 들어가 보자.

최대한 쉬운 단어와 논조를 이어가려고 고민하였다.

이제부터 진짜 이야기가 시작된다.

음악 감정의 기원

Intermezzo: 이 책의 동기

젊어서부터 클라리넷을 하다 말기를 반복하며 30년이 훌쩍 지나
갔다. 가끔 꺼내어서 2년, 3년, 또 5년 뒤에 한 번씩 불다가 귀찮
은 듯 힘들게 집어넣었다. 매번 악기를 펼칠 때마다 은색 키는 항
상 녹슬어 있었다. 어느 날 갑자기 위기감이 찾아왔다. "이제 못
하면 이생에 클라리넷 불기는 영영 끝이다!" 크게 맘먹고 금 키
가 발라진 아름다운 악기를 장만했다. "비싼 악기라면, 더는 포
기 못 하겠지. 이래도 못하면 나는 인생의 패배자다!"

다행히 예쁘고 호기심 많은 첫 선생님을 만났다. 음악 교습 도중
에도 우리는 종종 음악 이야기로 즐거운 논쟁을 벌였다. 그러던
어느 날, 그녀가 사진 몇 장을 보내왔다. 대학 도서관에서 찾아낸
어떤 책의 내용이었다. 그런데 우리가 나누던 논쟁의 실마리가 그
곳에 있었다. 바로 '음의 언어'에 관한 이야기다. 그런데, 정작 '음
의 언어'를 설명하는 부분이 빠져있었다. 그 순간 머릿속에 번개
가 쳤다. "앗, 이거 내가 채우면 되겠군, 그 이야기를 이어가면 정

말 근사한 책이 되겠어!"

그날부터 이 책을 쓰기 시작했다. "내 인생에 이 책 한 권은 남기자. 훗날 나의 장례식장에 이 책이 놓인다면 참 근사할 거야." 그 비장한 다짐 덕분일까, 5년 가까이 교습과 집필은 멈추지 않았다. 새 얼굴의 선생님과 오후 1시에 만나 점심을 먹으며 수다를 떨고, 2시부터 4시까지 수업하고, 책의 논리를 가다듬는 일상. 레슨실은 어느덧 악기 소리와 책의 문장이 뒤섞이는 일상이 종종 반복되었다. 그녀는 3년이 넘게 내 곁을 지켜보는 중이다.

어떤 선생님과는 심한 논쟁으로 얼굴을 붉히며 싸우다가, 되려 정들어서 친해진 일도 있었다. 그 후 그분과는, 뇌 과학책을 읽으며 논쟁을 더 이어가기도 하였다.

그 뒤에 만난 선생님은 독일에서 자라고 공부한, 아주 특별한 소리의 기재다. 독일식 악기를 연주하는 그녀의 소리는 어디서도 들어보지 못한 극한의 아름다운 소리를 내었다. "오, 한없는 감탄과 이 짜릿한 전율!" 평소에 말수가 적은 그녀의 조용함은, 이 소리 한방으로 금세 친해져 버렸다.

그런데 악기를 연주한다는 건, 정말 지독한 훈련이 필요한 거였다. 나이가 들어서 그런지, 손이 뻣뻣하고, 꼬이고, 다음 코드의 기억이 바로 떠오르지 않는다. 어쩌다 합주할 때면, 갑자기 머릿속이 텅 비워진다. 새삼, 연주자들의 노고가 강력한 존경심으로 와 닿았다.

2부
소리의 철학

음악 감정의 기원

감정을 표현해 내기 가장 어려운 문제, 음악의 신비경을 정면으로 맞닥뜨린 장이다. 복합음악감정을 유발하는 악기들의 소리는, 왜 이리도 신비스러운 느낌으로 들려올까? 이게 정말 궁금하지 않을 수 없다. 어쩌면, 이 문제는 음악의 신비경을 푸는 불가사의의 절정일 것이다.

앞서서 악기의 소리는 처음부터 자연스러운 이야기처럼 연결되지 않는다고 하였다. 그 소리를 비교해 가며 감정이 추출한 파편들은 무의식 속 감정이 발현한 느낌들이라서, 출처가 어디인지 의식하지 못하는 게 대부분이다. 그것을 연결하는 것은, 오직 오랜 경험의 비밀을 품고 있는 마음의 작용일 뿐이다. 그래서 음악은 꿈꾸듯 다가오다가 어느새 사건이 뒤집히듯 전개된다. 현실인 듯 아닌 듯, 그 꿈과 같은 파편들에 대하여 더욱 깊이 있게 성찰해 보려고 한다. 그 제각각 다른 음들이 모여 전개되는 음악의 이야기를 펼쳐보았다.

음악의 신비경은, 삶의 느린 일상과는 달리 비록 파편들일지언정 수많은 조각을 감정이 빠르게 짚어가기에, 감정의 폭주가 생겨 가능해진 현상이다. 음악을 실제로 벌어지는 일상과 비교해 본다면, 악보의 음표 하나하나가 얼마나 빠르게 전개되는지 금방 알아챌 수 있다.

그리고, 그런 다량의 소리가 귀에 쉽게 들어오려면 꼭 '순음'이어야만 진정한 몰입을 경험할 수 있다고 하였다. 그 몰입의 조건은 마치 명상(Meditation)과도 닮아있다. 온몸의 힘을 풀고 안전한 공간에서, 때로는 눈마저 감은 채 모든 활동 에너지를 최소화할수록 좋다. 그러면 감정 본래의 "세상을 감시하는 의지"를 무력화시켜서, 편안함 속에서 상상의 세계로 깊숙이 발을 들일 수 있다.

이야기를 무리 없이 전개하기 위하여, 앞장부터 계속 언급되었던 '파편화' 또는 '비인과성'의 의미에 종지부를 찍을 때가 왔다. 이것이 어쩌면 클래식 음악의 핵심인지도 모른다. 음악의 소리 하나하나를 왜 별개의 파편들이라고 이야기하는지, 한가지 예를 들어보았다.

가령, 모차르트의 K.265 「아, 어머님께 말씀드리죠」를 들어보자.
우리에게 '반짝반짝 작은 별'로 알려진 프랑스의 아름다운 민요다.

규칙적인 소리의 높낮이가 오래 들려서 당연한 듯 즐거움을 주었다면, 그것이 충분히 이해된 음악으로 바뀌었다는 증거이지만, 본래는 전혀 상관없는 듯 제각각 파편화된 소리를 연결한 것이었다.

누군가 이렇게 물었다.

"당연히 익숙한 이 멜로디를 왜 서로 연관이 없다고 말하는 거지?"

음악을 전혀 모르는 사람에게 이 음악을 들려줘 보라. 그들에게는 별다른 감흥도 없을 것이다. 오직 낯선 소리의 높낮이가 신기하게 느껴질 뿐이다. 이는 마치, 영어를 모르는 사람에게 말을 건네본들, 뜻 모를 소리만 이어질 뿐, 한 음과 그다음 음은 아무런 연관이 없이 들릴 것이다.

그러나 음악이 기억 속에 저장되어 오랫동안 익숙해지면, 친숙한 듯 더는 파편화된 음악이 아닌, 조직화한 음악으로 인식되며, 그 음악이 너무도 자연스럽게 들린다. 이렇듯, 내 마음속 음악의 파편들은 감정의 비밀스러운 도구에 의해, 즐거운 음악으로 감상(Appreciation, 感想)된 것이다.

이 파편들을 더욱 잘 이해하기 위해, 일단은 반쯤만 파편화된 일화기억(Episodic Memory, 逸話記憶)을 떠올려 보았다. 음악을 들을 때, 그 주변 환경의 기억마저 서로 연관된 듯이 파편화된 짧은 기억이 떠오르는 장면을 연상해 보자. 이것은 마치 음악을 듣자, 그 소리의 경험 기억을 과거

음악 감정의 기원

에서 찾아내어 회상하는 것과 유사하다. 어떤 경우에는 예전에 레코드 (LP) 음반을 들었던 기억으로 '지글거리는' 소리의 향수를 못 잊는 사람들도 있다. (일화기억: 개인적으로 경험한 사건이나 상황을 구체적인 맥락과 함께 기억하는 형태.)

그런데, 일화기억은 그때의 전체 장면을 그대로 모두 기억하는 것이 아니라 잘게 파편화된 것이다. 해마와 편도체, 감각피질은 각각의 단편, 즉 소리, 냄새, 공간, 감정의 질감 등을 파편화된 소리로 똑 떼어 저장하였다가, 음악이 특정 주파수나 리듬, 혹은 음색을 들려줄 때, 그와 유사한 감각 조각이 기억 속에서 '조합의 방식'으로 재구성된다. 그 재구성은 여기저기서 난데없이 따온 것이라서, 최소한의 인과성만을 가진 파편들을, 혼재된 정서의 연쇄적 반응으로 체험하게 된다.

이처럼 음악이 불러일으키는 감정도, 일화기억처럼 기억의 파편들이 순간적으로 결합해 만든 임시적 정서 구조를 일부 포함하기도 한다.

어렸을 적 들었던 어떤 음악이 한참 잊혔다가 다시 들려오자, 과거의 삶의 기억이 불현듯 떠오르는 경험을 누구나 한 번쯤은 해보았을 것이다. 이 정서 구조가 반복하듯 일관되게 떠오르면, 특정 음악에 대한 인상(印象)으로 이어지고, 결국 그 음악이 즐겁다고 느껴질 것이다.

그런데, 일화기억마저도 시간이 지나면, 주변 환경의 서사적 맥락을 모

2부 소리의 철학

두 잃어가면서, 결국 레코드(LP)판의 지글거리던 핵심 정서만 남게 되고, 더 지나면 레코드판의 기억마저 잃어버리며, 마지막에는 오직 지글거리는 소리의 강한 인상만 남아 있게 된다. 이것이 일화기억으로부터 완전히 탈맥락화된 기억으로 변화되면서 인과성을 잃어가는 과정이다. 그래서, 음악 감정의 주된 재료는 탈맥락화된 기억으로 자리하고, 오히려 일화기억은 그중 드물게 발현되는 것이라고 보았다.

위와 같은 사실에서 '파편화', '비인과적'이라는 말의 윤곽이 어느 정도 드러났을 것이다. 이것이 너무도 중요하여, 아주 상세하게 설명을 더 이어가 본다.

파편화란, 감정 스스로가 일화기억처럼 소리를 발현하는 어떤 몸체에서 특징적인 것만을 쪼개듯이 따오는 기억 포착 방식 때문에 생긴 말이었다. 그렇게 쪼개듯 파편화되어 추출된 소리는 한참 후에는 어디서 왔는지 출처를 알 수 없이 더욱 작은 파편으로 되어, 몸체를 다 잃은 채 더는 인과적 연결이 불가하고, 그런 것들의 다수가 제각각 여기저기서 쪼개진 소리의 조각들을 이어 붙여 음악 감정을 만들기에, 기악의 모든 소리가 파편화와 비인과적 성질을 가질 수밖에는 없었던 것이다.

그렇게 만들어진 수많은 소리의 파편은, 마치 전생의 기억을 다 잃어버린 듯, 오직 순수한 소리의 인상(印象)만 남아, 이것으로 외부의 소리를 알

음악 감정의 기원

아차리는 경험의 재료로 또는 음악 감정으로 다시 쓰이게 되는 것이다. 그렇기에 '운명' 교향곡을 들은 기억도 한편으로는 자잘하게 파편화되어, 또 다른 음악을 해석하는 순수한 경험 재료로 다시 쓰여서 전혀 다른 음악의 감정으로 환기될 수도 있는 것이다.

예를 들면, 코끼리가 '뿌우~'하고 소리 낸 기억이, 한참 시간이 흘러 그 소리의 짧은 파편 기억만 남았다가, 어느 날 호른의 소리를 듣자, 기억 속의 그 소리가 생각나서 호른이라는 악기 소리를 느끼는 몸속의 경험 기억이 되었다고 가정해 보자. 비록, 호른 소리와 코끼리의 우는 소리가 비슷하다고는 하지만, 똑같지는 않으니, 그중 일부인 아주 비슷한 소리 한 조각을 잘라내었을 것이다. 그리고 나머지는 또 다른 객체에서 비슷한 소리 들을 따와 호른 소리의 음상을 마음속에서 만들어낼 것이다. (무의식의 감정이 수십 군데에서 따왔을지도 모른다.)

그때는 이미 코끼리의 몸체는 사라지고 우는 소리의 작은 파편이, 엉뚱하게도 호른의 소리를 알아듣는 파편 기억으로 일부 쓰인 것이다. 쪼개지고 쪼개져서 코끼리와 울음소리의 상관관계가 해체되었기에, 다음부터는 어떤 소리와 연결되어도 상관없는 다양한 용도의 쓰임새로 변모한 것이다.

이런 사연으로 만들어진 수많은 소리의 파편들이 기억 속에 무수히 저장되어 있다고 생각해 보라. 그 많은 소리의 파편들은 마치 '레고블록'처럼 제각각 다른 소리의 인상(Impression)들을 가지고 있다가, 기악의 소리를 알아채는 몸속 내부의 풍부한 음악 감정을 불러내며, 음악의 신비경을 발현하는 재료로 쓰이는 것이다.

만약, 코끼리의 몸체가 연관되듯 소리의 파편 속에 과거의 인과성이 연결되었다면, 음악을 들을 때 온갖 잡동사니가 다 끌려 나와서, 음악 감정은 모두 엉망으로 망가져 버릴지도 모른다.

이 소리의 파편은 탈맥락화된 기억(Decontextualized memory)으로, 그 속의 인과·서사·출처가 지워져서 새로운 음악 감정의 조합으로 재구성된다. 마치 소리가 발원된 몸체였던 코끼리는, 기억에서 사라지고 소리의 인상만 남아서, 다른 음악의 문맥으로 아무런 제약 없이 재발화되는 과정이 바로 '복합음악감정'이다.

이렇게 되면, 그 경험 기억은 인과성이 사라져서, 편견도 사라진 공정한 소리의 잣대가 되어, 외부의 소리를 좀 더 올바른 느낌으로 정확하게 발현하게 된다. 이처럼 인과성이 빠졌다는 그 속성이 이토록 중요한 의미를 갖는 것이었다. 이것은 처음부터 감정이 그렇게 의도했다기보단, 빠른 효율화를 기하다 보니 얻어진 속성이었다. 이 우연이 상상을 만들어 낸 핵심 재료가 될 줄을 누가 예상이나 하였을까?

음악 감정의 기원

감정은 이처럼 세상의 모든 소리를 감지하는 방식도, 그런 경험으로 처음 듣는 소리를 알아내는 방법도, 똑같이 그 소리와 유사한 파편들을 모아 붙이며 인식해 왔다. 이 덕에 파편화된 경험 기억으로 알아차린 악기의 소리는 출처를 모른 채 자잘하게 파편화되어, 아무런 편견 없이 오직 순수한 소리의 인상만이 떠올려져서, 창의적인 음악의 정서로 새롭게 쓰일 수 있게 되었다.

이렇듯, 외부의 소리와 내부의 경험 기억의 파편들을 이어 붙여서 근사하게 맞아떨어지면, 감정은 자기가 잘 맞추어낸 결과물을 가지고 만족해하며, 거기에 걸맞은 도파민을 뿌려댈 것이다. "오호, 내가 이 소리를 비슷하게 잘 꿰맞추어 냈네!" 하면서. 이것이 음악 감정이 발현되는 기본 원리다. 이렇게 맞추어가는 것이 바로 감정이 소리를 학습하는 것이고, 동시에 희로애락의 감정이 발현되는 음악감상이기도 하다.

그러하니 음악 감정이란, 밖에서 들려오는 음악의 파동 그 자체에는 존재하지 않는다. 몸속에 내재한 소리의 파편들을 이어 붙이는 과정에서 음악 감정이 창의적으로 발현하는 것이다. 만약, 몸속에 이런 소리의 파편들이 풍부하게 담겨있지 않다면, 음악 감정의 발현은 제한될 수밖에는 없다. 그러니 음악을 들어왔던 오랜 경험 기억의 파편화된 재료가 그토록 중요한 것이었다.

　감정이 이렇게 파편으로 기억하고, 파편으로 소리를 판단하는 이유는, 판단 속도가 느리면 생명이 위태로워지기 때문이었다. 판단이 느린 개체가 맹수에게 계속 잡아먹히다 보면, 빠른 판단력을 지닌 개체가 선택되어 진화하기 마련이다. 그렇게 되면 더욱 잘 요약되고 짧게 파편화된 효율적인 기억을 만들어내는 개체가 더 오래 살아남을 것이다. 그 결과로, 살아남은 인류의 감정은 오랜 경험으로 누적된 기억의 파편들을 최소한의 파편 정보로 가장 빠르게 최적의 판단을 내리도록 진화한 것이다. (때로는, 생명을 위협하는 맹수가 짖는 소리는 별도의 감시 공간에 기억되지만, 동시에 다른 공간에서는 또다시 파편화된다.)

　만약, 소리가 파편화되지 않았다면, 소리의 정체를 알아내는데, 즉시가 아닌, 수 초의 시간이 걸렸을지 모른다. 만약 그랬다면, 오랜 세월을 거쳐 오면서 천적에 의해 인류는 모두 멸망해 버렸을 것이다.

　그렇게 파편화된 소리의 기억들은 엄밀히 말하면, 그 자체로 기억이 아니지만, 우리가 인식하는 '음의 감정적 색채'는 탈맥락화되어 파편화된 기억을 호출하게 되는 셈이다. 이런 호출은 단편적이 아닌, 복수의 다중 호출을 통해 소리의 비밀을 아주 빠르게, 그리고 섬세하게 묘사해 내는 작업을 수행한다. 이렇듯 소리를 인식하는 방법은 매우 복잡다단한 생명의 비밀스러운 움직임이요, 생존의 전략이었다.

되돌아보면, 인과성이 스며든 소리는 모두 현실 세계의 서사에 속한 것이었다. 그러한 서사는 상상의 서사를 확장하는 데 항상 걸림돌이 된다. 반면, 악기의 소리는 자연의 어디에도 귀속되지 않을 만큼 파편화된 것들이 다 모여서 철저한 비인과성 또는 중립성을 가지게 되었으니, 어디든 개입할 수 있는 새로운 상상의 서사가 마음껏 가능해진 것이다.

겨우 500년 남짓의 순음의 악기들 모두는, 인류가 만들어낸 발명품들이었다. 이 인공의 발명품들이 만들어낸 생소한 소리는, 그 이전 들었던 경험의 파편화된 소리 정보에 의해 새롭게 해석되어, 마치 하얀 도화지에 완전히 새롭게 해석된 창작의 소리이고, 상상력이 최대한 발휘된 인류 최대의 이데아(Idea)를 담아낼 수 있었다.

이 파편의 기억들은 서로 어떤 필연적 연결도 요구하지 않기에, 완벽한 비인과성을 유지한 채 무엇과도 자유롭게 결합할 수 있었다. 그 결과 우리는 아무런 제약도 받지 않아서, 천상의 소리 같은 무한 상상의 음악도, 마음속에서 스스로 만들어낼 수 있게 되었다.

이처럼 생명은 세계를 모두 저장하는 존재가 아니라 자신을 보존해야 하는 존재이기에, 경험을 즉각적인 판단이 가능하도록 감각의 파편으로 압축한다. 이 과정에서 소리는 연속적 구조로 기억되지 않고, 생존과 직결된 감정적 방향성과 신호만이 감각의 원형으로 추출된다.

반면 인공지능은 경험하지 못하는 존재로서, 모든 기록을 낱낱이 저장한 뒤 확률적으로 계산해야 한다. 이 차이로 인해 생명은 즉각적이고 창의적으로 반응하는 반면, 인공지능은 계산의 시간지연을 전제로 작동하게 되었다.

* '파편화' 및 '비인과적'이라는 말이 어렵게 느껴진다면, 이렇게 말할 수도 있을 것이다. 피아노 건반의 한 음은 저마다 고유한 감정을 품은 존재다. '도'는 '레'와 다르고, '미'는 또 다른 소리다. 이 음들 사이에는 어떤 필연적 인과도 존재하지 않는다. 각각의 음들은 독립적으로 서 있기에, 그들을 자유롭게 엮어 새로운 음악의 정서를 빚어낼 수 있다. 만약 '도'와 '레'가 서로 인과적이라면, 두 음은 언제나 함께 움직여야 할 것이다. 바로 소리의 비인과성, 곧 파편화야말로 소리를 마음껏 직조할 수 있게 해주는 클래식의 본질적 속성이다.

* '의미 기억(Semantic Memory)'으로의 전환: 일화기억(특정 사건)이 반복과 시간을 통해 일반적인 지식이나 느낌인 의미 기억으로 변하는 과정을 뇌과학에서는 '기억의 시스템적 강화(System consodliation)'라고 한다.

* 패턴 완성(Pattern Completion): 해마의 주요 기능 중 하나로, 작은 단서(파편)만으로 전체 기억이나 이미지를 복원해 내는 능력이다. 우리의 뇌는 과거의 경험이나 지식을 한 장의 사진처럼 통째로 저장하지 않는다. 대신 핵심적인 조각들을 남겨두고, 훗날 그중 아주 작은 조각 하나만 감각에 포착되어도 나머지 퍼즐들을 순식간에 맞춰내어 거대한 전체의 그림을 재구성해 낸다.

음악 감정의 기원

* 범주화(Categorization)와 효율성: 뇌는 매 순간 밀려드는 방대한 감각 정보를 일일이 새롭게 분석하지 않는다. 인지적 에너지를 아끼기 위해(효율성), 비슷한 특성을 가진 정보들을 하나의 폴더에 묶어버리는 '범주화'를 끊임없이 수행한다.

* 파편화와 재조합의 마법: 아프리카 초원의 코끼리 울음소리와 오케스트라의 호른 소리는 물리적인 음파(파편)로 따지면 전혀 다른 정보다. 하지만 뇌는 이 두 소리의 낮고 넓게 퍼지는 주파수 특성을 재빠르게 추출하여, '웅장함' 혹은 '거대함'이라는 동일한 감정적 범주로 묶어(재조합) 낸다.

* 음악적 은유의 출발점: 작곡가들은 뇌의 이러한 효율화 본능을 영리하게 이용한다. 물리적으로는 단순한 나무나 쇠붙이의 진동(악기 소리)일 뿐인 파편들을 조합하여, 청중의 뇌 속에 거대한 자연의 서사나 깊은 슬픔 같은 특정 범주의 감정을 즉각적으로 불러일으키는 것이다.

비인과적 재료에서 생겨난 음악의 인과성

생명이 만들어낸 소리의 파편화된 기억은 처음에는 자연의 소리였고, 여기에 문명이 빚어낸 도구들의 소리까지 더해지며 우리의 감각은 철저히 인과적 구조 안에서 작동해 왔다.

그러나 이런 소리가 생명의 내부로 스며드는 순간, 그 출처와 형태는 해체되고 결국 소리의 핵심적 특징만이 남아 농축된다. 그렇게 남은 잔향들은 인과적 흔적을 지워버린 비인과성의 파편들로 변모해 간다.

흥미롭게도 이 파편들은 우리가 현실에서 한 번도 들어보지 못한 악기들의 낯선 소리를 해석하는 감각적 기반이 된다. 악기의 음향마저 이차적으로 파편화되어 축적되면서 우리의 음악 감각은 한층 더 정교하게 진화한다.

그런데 여기에는 뜻밖의 반전이 기다리고 있다. 원인도 결과도 없이 흩어져 있던 파편들을 모두 하나로 엮어 음악의 이법(理法)으로 다시 직조하는 순간, 상상력으로 채워진 '음악의 인과성'이라는 새로운 서사(Story)로 변모해 버리는 것이다.

이것은 뇌가 흩어진 정보들을 하나의 의미 있는 전체로 묶으려는 '게슈탈트(Gestalt)의 완결성 원리'를 떠올리게 한다. 비인과적 재료가 예술 안에서 또다시 인과성으로 되돌려지는, 참으로 역설적인 현상이다.

그렇다면 이 파편들은 어떻게 움직이는 것일까? 소리의 파편화란 단순히 감정들이 무질서하게 흩어져 있는 상태를 뜻하지 않는다. 하나의 음(音) 속에 웅크리고 있는 여러 감정의 파편은 이어지는 음이 어떤 방향으로 연결되느냐에 따라 전혀 다른 방식으로 요동친다. 비인과적 파편들은 서로를 구속하지 않기에 감정의 상태에 따라 특정 파편으로의 '쏠림현상'이 아주 쉽게 일어난다.

이러한 구속되지 않은 파편들의 역동성을 심리학에서는 '맥락 효과(Context Effect)' 혹은 영상 편집의 '쿨레쇼프 효과(Kuleshov Effect)'에 비유할 수 있다. 똑같은 피아노 건반을 누르더라도 음악의 구조에 따라 그 음이 때로는 비극이 되고 때로는 희극이 되는 변화무쌍함이 여기서 나온다.

곡(曲)이 달라지면 마음속에서는 전혀 다른 정서를 쉽게 만들어내는 것, 이것이 바로 감정이 스스로 골라내듯 해석하는 '복합음악감정'의 쏠림 현상이다. 소리의 결과물만을 비교하는 AI 컴퓨터는 결코 이해할 수 없는 인간만의 역동적인 유추 과정인 것이다.

이렇듯 감정은 늘 유동적이며 들려오는 소리와 가장 가까운 파편을 이어가며 의미를 채운다. 이 과정이 반복되어 특정 음악에 익숙해지면 흔들리지 않는 견고한 음악 감정으로 응집되는데, 뇌과학에서는 이를 '장기 강화(LTP, Long-Term Potentiation)'라 부르며, 반복된 자극이 신경 연결을 튼튼하게 만들어 감정의 길을 내는 과정으로 설명한다.

반대로 이해하기 어려운 음악을 들을 때 지루함이 머무는 이유는, 내 몸속에 연결할 파편이 부족하여 음악의 인과성으로 연결하기 어렵기 때문이다. 슈베르트의 마왕처럼 줄거리를 모를 때와 알고서 들을 때 감정이 요동치는 것도 바로 이 파편들의 역동성 때문이었다.

결국 음악이 주는 즐거움은 밖에서 들려오는 소리 그 자체가 아니다. 음악의 전개에 맞춰 마음속 파편들의 배열이 끊임없이 변화하며 소리를 해석하는 내부의 정신작용이 즐거움을 만들어낸다.

음 하나는 마치 프리즘 앞의 하얀 빛과 같아서, 겉으로는 표정 없는 얼굴을 하고 있지만, 곡이 익어가며 슬픔의 남빛으로도 기쁨의 황금빛으로도 자신을 다르게 드러낸다. 악기의 소리맵시, 레가토, 스타카토 등 수많은 파편이 의도된 흐름 속에서 깨어나는 순간, 그때그때의 감정적 변주(變奏)를 겪어내는 것이다.

이렇듯 제각각 들어온 파편들을 감정은 끊임없이 감상(感想)하며 일관된 이야기로 엮어낸다. 비현실의 이야기라도 맥락을 찾아내야 감정의 올바른 울림을 경험할 수 있는데, 현실의 인과성이 아닌 마음이 직조해 낸 이 음악의 인과성을 '가상 인과성(Virtual Causality)'이라 명명하였다.

이 모든 과정은 뇌가 무작위성을 극도로 싫어하여 파편화된 소리 속에서 본능적으로 규칙을 찾으려 하는 '예측 부호화(Predictive Coding)' 이론으로도 설명된다. 파편화된 소리가 들어오면 뇌는 본능적으로 그 사이에서 규칙을 찾으려 한다. 이것은 마치 "도-미-솔"이 들리면 뇌는 다음에 높은 "도"가 나올 것이라고 강력하게 예측하듯이, 뇌의 예측 시스템 안에서는 필연적인 원인과 결과로 묶이는 것이다.

그러므로, 가사가 있는 음악은 언어의 인과적 질서에 상상력이 얽매이지만, 악기의 소리는 얽매임 없는 하얀 도화지와 같다.

이렇듯 예측 불가능한 비인과성의 파편들이야말로, 상상력을 무한히 확장하는 예술적 자유도의 깊고 깊은 원천이었음을 깨닫게 된다.

* 탈맥락화(Decontextualization): 껍데기를 벗고 알맹이만 남기다.

첫 번째 단계는 뇌가 소리의 출처를 지워버리는 효율적인 정보 압축 기제, 바로 '탈맥락화'입니다. 우리가 무소르그스키의 「전람회의 그림」이나 야나체크의 현악 4중주를 들을 때, 우리의 뇌는 무대 위에서 나무와 현으로 된 악기가 연주되고 있다는 물리적인 현실이나, 저음과 고음이 구체적으로 '어떤 단어'를 주고받는지에 대한 일상적인 맥락을 과감하게 지워버린다.

* 게슈탈트 재구성(Gestalt Reconfiguration): 파편들을 모아 감정을 조립하다.

인간의 심리적 본능은 이 흩어진 소리의 조각들을 어떻게든 엮어 하나의 유의미한 전체(Whole)로 조립하려 한다. 그 결과, 단순한 주파수와 진동의 나열이 우리 마음속에서는 '억울해서 다급하게 외치는 사람' 혹은 '깊은 슬픔에 잠긴 묵직한 탄식'이라는 새로운 차원의 감정적 이미지로 재탄생하게 된다.

* 내적 모델링(Internal Modeling): 음악만의 새로운 우주를 창조하다.

뇌는 현실의 인과관계가 아니라, '불협화음의 긴장과 협화음의 해결', '리듬의 수축과 팽창'이라는 음악 내부의 고유한 법칙을 따르기 시작한다. 언어의 한계를 넘어, 오직 음표와 화성이라는 그들만의 논리로 거대한 감정의 기승전결과 건축물을 새롭게 설계해 나가는 것이다.

음악 감정의 기원

Intermezzo: 이 책의 동기

이 책을 완성하는 데 햇수로 5년이 넘어간다. 수많은 임시 가설을 세우고 논리의 앞뒤를 맞춘 뒤, 그 자리에 단단하게 콘크리트를 붓고 조금씩 나아가는 인고의 시간이었다. 클라리넷을 배우며 매주 교습 선생님께 새로 쓴 문장들을 보이고, 어렵다고 하면, 열심히 설명해 가며, 어떻게 고쳐야 할지 수도 없이 고민해 왔다. 그렇게 시간이 흐르는 동안 필자 곁에는 네 분의 아름다운 연주자가 소중한 기억으로 남았다. 돌이켜보면 이 돈키호테 같은 무모한 작업의 시작은, 그분들과 재미있게 음악 농담을 나누다가 비롯된 것이었다.

음악의 합목적성

힘들게 '파편화'가 설명되었으니, 드디어 산을 넘어간 셈이다. 이제부터는 그렇게 파편들이 음악으로 올라붙은 후, 감정은 "이제야 음악을 잘 해석해 냈군." 하며 만족해할 것이다. 그런데, 그 일을 왜 수행해야 했을까? 왜 인간만이 음악을 알아차리는 존재가 되었을까?

소리의 파편을 이야기처럼 재미있게 이어 붙이는 접착제 같은 음악의 인과성은 무엇을 위한 걸까? 이 물음에 답할 차례가 왔다.

그 답을 인류사의 긴 사회화 과정에서 찾아보았다. 그것이 진화적으로, 쾌감을 위해서라면 인과적 이유를 묻지 않는 '회피 메커니즘'과 관련이 있어 보인다. 이제부터, 가장 잘 알려진 유력한 마음의 원리 중 하나를 설명하려 한다. 유력한 그것은 '합목적성(Meta-causal order)'이라는 성격을 가지기에, 이것을 그냥 '합목적성'이라는 실체의 명사형으로 부르기로 하였다.

이 합목적성은 소리의 파편들을 연결하는 도구가 되어, 음악 이야기인 가상 인과성 안에서 신비로운 느낌을 만들어낸다. 감정이 이처럼 '음악의 합목적성'을 가지게 된 그 사연은 과연 무엇일까?

음악 속 희로애락(喜怒哀樂)의 감정들은 저마다의 이유와 맥락 속에서 발현된다. 그중에서도 희(Joy)의 짧고 강렬한 웃음, 락(Pleasure)의 잔잔하고 유쾌한 듯 심화한 즐거움은, 맥락뿐만 아니라 특별한 이유가 없이도 웃고 흐뭇해질 수 있는 무작위성을 품고 있다. 그렇게 하여 음악 속의 희락(Bliss, 喜樂)의 느낌은 훨씬 더 빈번하게 발현하게 된다. 이 헤픈 무작위에 의한 감정이 왜 생겼을까?

인류의 초창기부터 손쉽게 만들어진 타악기의 율동적 음악은, 주로 희락(喜樂)의 감정을 추켜세우는 작용을 하였다. 그 단순한 박동만으로도 음악 본연의 즐거움을 자극하는 데에는 충분했을 것이다. 그리고 이런 율동의 음악이 아주 오랜 세월 유지되어 왔다.

반대로 로(Anger)와 애(Sorrow)는 분명한 이유와 맥락이 있어야 감정이 솟아난다. 삶 속에서 겪는 상실, 분노, 애수 같은 감정은 음악 속에서도 꼭 그런 느낌을 반영한 음악이어야 비로소 공명한다. 어쩌면 로와 애는 삶의 질곡 속에서 저절로 쉽게 생겨나면서, 사람들에게 상처를 주는 느낌이기에, 감정은 그것을 억제해야만 마땅했을 것이라고 추론해 보았다. 왜냐하면 그것을 억제하고 희락으로 즐거워야 하니까.

그런데, 이런 가슴 아픈 감정들이 음악에서는 오히려 희락을 더욱 확장하기 위한 소중한 재료가 되었다. 왜냐하면, 음악이 풀어내려는 이상 (Ideal, 理想)은 대개가 고난을 떠올려 혼란을 겪다가, 마침내는 승리의 환희로 나아가는 기승전결의 카타르시스를 만들기 때문이다.

더 나아가, 로(Anger)와 애(Sorrow)가 음악의 진짜 주인공은 아닐까?
로와 애는 분명 맥락이 있는 음악에서 발현되지만, 일단 발현되면 감정은 그것마저도 희화(喜化, Joy transformation)한다. 희화하여 고통이 완화된 자리에는 위로와 평안함이 자리하며, 달콤한 해결책인 듯 위로하는 안내자가 된다.

도대체 감정은 무슨 이유로 로(Anger)와 애(Sorrow)의 감정마저도 모두 희화하려 할까? 희화하려는 '음악의 합목적성'이 무엇이었을까?
이제부터 그 이야기를 들어보자.

초기 인류는 개별 단독 행동으로부터 점차 집단의 사회화로 진행해 오는 과정에서, 사람들 간의 분쟁으로 견뎌내기 힘들 정도의 스트레스를 겪어왔다. 그렇게 집단화로 이어지면 개인과 개인 간의 거리는 밀접해지고, 서로 간의 이해관계가 충돌하기 쉽게 만들어진다. 이렇게 되면, 그에 따른 괴롭힘과 따돌림, 보복살인 등 엄청난 분쟁이 발생하게 된다. 툭 하면 다투기 일쑤였고, 지나치면 쥐도 새도 모르는 사이 죽어 나가는 일이 비일비재 하였다. 거기에다 살아남기 위해 먹이경쟁 또한 만만찮은 중압감이었을 것이다.

이렇듯 가족 단위의 인류가 거대한 사회집단을 만들어간다는 것 자체가, 종의 엄청난 변화를 의미한다. 집단의 세력이 커져서 생태계의 강자로 군림하였으나, 동족 간의 내부 갈등은 오히려 증폭되어 간 것이다. 그리고 그런 고통은 지금의 현대사회에서도 여전히, 드러나듯, 숨겨지듯, 고통스럽게 진행 중이다.

이렇게 스트레스가 죽을 만큼 가중되면, 에너지소비가 급증하고, 심혈관질환, 감염병 노출, 번식력 억제, 면역약화, 정신이상, 스트레스성 사망, 등으로 생명을 부지하기 어려운 상태로 내몰리게 된다. 이런 일이 오래 반복되면, 생명은 그 탈출구로 스트레스를 이겨내려는 방법을 찾아내기 마련이다. 그것은 목숨을 온전히 이어가기 위한 생명의 절실한 자기방어책이었다.

생명은 고민했을 것이다. 어떻게 해야 이 긴장을 해소할 수 있을까?

고통 없이 온전하게 이 전체의 집단 속에서 어떻게 서로 화합하며 살아남을 수 있을까?

그 손쉬운 해답이 웃음이었고, 또 한편으로는 회피하는 방법이었다.

웃음처럼 유쾌한 정서를 유발하는 행위는 집단의 결속과 개인의 회복력에 매우 탁월한 효과가 있었다. 그리하여 서로를 공격하기보단, 회피하는 적당한 명분을 스스로 만들어가며 정신적, 경제적 손실을 최소화하려는 전략이었다.

그 사례 중 하나가 간지럼이다. 자기 자신을 간지럽히면 거의 느낌이 없지만, 타인이 간지럽히면 웃음을 터뜨리게 된다. 타인의 접촉은 원래 위험을 내포한 행위였지만, 인류는 분노를 웃음으로 바꿔내며 친밀과 신뢰의 신호로 만들어냈다. 이것이, 진화적 기반과 사회화의 학습과 문화적 제도화를 통하여 지금 사람들의 행동으로 변화되어 갔다. 이것이 위협·긴장 반응을 친밀·놀이 반응으로 전환한 사례다.

즉, 사건에 몰두해 다투는 것보단, 회피가 더 효율적이라는 판단에 따라, 생명 스스로가 만들어낸 상황이다. 그것을 마치 아무 일도 아닌 듯 봉합하기 위해, 아주 간단하게 연기(演技)를 하듯 자아를 달래주기만 하면 된다. 그랬더니, 불필요한 시간 낭비를 줄이고, 분쟁을 더 키우지도 않으

음악 감정의 기원

며, 오히려 웃음으로 화합할 수 있으니, 이것이 남에게도 좋고 자신에게도 좋은 전략이다. 생명의 이런 고도의 술수가 집단사회 속에서는 훨씬 더 평화적이고 지혜롭게 작동하였다.

이런 이유로, 인위적으로 웃음을 만들려는 노력 중 가장 손쉬운 것이 언어나 행동을 비 인과적 파격으로 비틀어 웃음을 자아내는 방법이다. 그리고 그런 행동을 목격하면 반드시 웃으라는 맹목적인 약속이 만들어지면, 사람들은 그렇게 반사적으로 웃게 된다. 이렇게 잠재된 성향이 후천적 경험과 맞물린 집단 무의식의 현상이다.

이렇게 하면 아주 손쉽게 유쾌함을 만들 수 있으니, 짬짬이 스트레스를 웃음으로 넘겨내는 삶이 오랫동안 이어져 왔다. 현대사회의 만연한 스트레스는 이것도 부족한 듯, 모든 예술의 장르와 일상의 소소한 대화에까지 속속들이 스며들어 끝없이 웃음을 양산하였으니, 예로부터 스트레스의 해소가 생존에 그토록 중요했던 모양이다. 사람들끼리 무심코 주고받는 농담도, 커피조차도 긴장을 해소하는 무의식의 행동이니, 끝없이 즐거움을 추구하는 인류로 변모해 간 역사다.

여기 재미있는 '케이크 한 조각' 이야기를 소개한다.
학교 수업 시간에 어떤 학생이 과제물을 씹어 먹고 있었다.
선생님이 깜짝 놀라며, "학생은 왜 자기 숙제를 씹어 먹고 있니?"

"선생님이 내준 과제가 케이크 한 조각 먹기라면서요? 그래서 지금 먹고 있는데요?" 인과성의 연결을 깨고, 엉뚱한 비약으로 허를 찌른 코미디다. 이걸 '식은 죽 먹기'라 해도 될듯하다.

사람들은 이런 황당한 이야기를 셀 수 없이 만들어가며 약속이나 한 듯이 틈틈이 웃어댄다. 이렇듯, 예상을 비껴가는 무모한 논리는 모든 코미디의 보편 주제다. 비켜 간 예상은 웃음을 자아내고, 왜 웃냐고 물어보면 '재밌어서'라고 답할 것이다.

사람들의 대화 중에 웃는 경우를 살펴보면, 대부분은 이유가 있어서 웃는 게 아니라, 의미가 없는데도 웃는다. 웃어야 삶의 긴장을 풀어낼 수 있다는 오랜 관성이 웃도록 만들었다. 이런 대물림이 긴장의 사이사이를 유머로 채워가며, 하루의 일과를 그럭저럭 살만한 세상으로 만들어 간다. 이 때문에 인류는 즐거워서 웃는 게 아니라, 웃어서 즐거운 존재로 변화되어 갔다.

이같이 음악의 유희도 뚜렷한 목적이 있다.
즐거움을 통해 긴장을 풀어내야 한다는 목적이다.
그것은 생명이 처음으로 만들어낸 위안의 도구였다.
어쩌면 인류 최초의 누군가가 나무통을 뚜드리다 우연히 찾아진 것인지도 모른다. "앗, 이랬더니 기분이 좋아지네!" 하면서…

그렇듯이, 꼭 희락(喜樂)의 감정으로 음악을 듣도록 습관화되었다.

율동의 음악이 들려오면 즐거워야 한다는 것 때문에, 왜 즐거워야 하는지 인과성을 묻지 않고도 즐거워하는 인류로 변모해 간 역사다. 이것이 음악을 재미있게 풀어내야 한다는 '음악의 합목적성'이다.

감정은, "음악이 들리니 얼른 희락의 감정을 꺼내 들어야겠군!" 하며 당연한 듯 희락의 마음으로 음악을 맞이한다. 이 때문에, 음악 속 '희, 로, 애, 락'의 모든 감정에서 스트레스로 망가진 상처를 치료받고 휴식하는 행복감을 느끼게 한다. 이것은 오랜 경험으로 익숙해진 '감정의 합목적성'이 어느덧 음악을 그렇게 듣도록 이끌었기 때문이다.

그리하여 희락의 음악은 더욱 희락으로 치닫고, 고통과 슬픔이나 분노와 비애를 담은 음악들마저도, 잔잔한 즐거움을 마음의 밑바탕에 깔고 있다. 그래서 마치 남의 집 불구경하듯, 고통은 심심하게 달콤하고, 아픈 듯이 심오하며, 슬프도록 아름답게 느껴진다.

그중에서도 가장 깊은 상실감을 안겨주는 '슬픔'이야말로, 심신에 상처를 주는 골이 깊은 감정이다. 그것을 음악이 위안과 희망으로 바꾸어 내며, 음악 본연의 합목적성을 가장 찬란하게 드러내는 감정이다. 그래서 음악 속 아다지오는 아픔 속에서도 견딜 만한 쾌감을 품고, 위로와 치유

193

의 음악이 된다. 돌이켜보면, 깊은 울림을 주는 모든 아다지오는 예외가 없을 정도로 슬픔을 머금은 음악들이었다. ('타이스의 명상'이 떠올랐다. 이게 현실이었다면, 아주 아팠을 것이다.)

이런 절실한 마음은 음악 속에서 대개 느리고 섬세하게 전개된다. 감정의 억양, 혹은 음악 속의 프로소디의 울림은 느림과 섬세함을 통해서만 살아난다. 게다가 다성음악의 전개는 마치 여러 사람이 함께 위로하는 듯, 따뜻한 손길로 어루만지고 달래는 듯한 정서를 불러일으킨다. 이는 심금을 울리는 모든 음악의 확고한 법칙처럼 되어버렸다. 아마도 작곡가의 숨겨진 무의식이 스스로 그 길을 찾아내게 하여 이런 법칙이 만들어진 것은 아니었을까?

이렇듯 음악은 언제나 하나의 목적을 향해 나아간다. 파편처럼 흩어진 소리는 '합목적성'이라는 끈에 의해 이어 붙여지고, 절정을 향한 긴장과 몰입 속에서 즐거운 흐름을 계속 만들어간다. 그렇게 서로 다른 조각들이 모여 하나의 이야기처럼 이어지니, 결국 즐거움으로 편향된 합목적성이 음악을 물 흐르듯 하나로 모두 엮어낸다.

이로써 비인과적인 음악의 파편들은 마치 인과가 있는 것처럼 착각하며, 실체가 있는 듯 즐거운 음악이 된다. 음악이 아무리 극한의 비극(Tragic)을 만들어내도 고통스럽지 않은 이유가 바로 이것 때문이다. 더 나아가 음악 자체의 아름다움 저 너머에, 감정의 합목적성이 직조한 소리의 울림이 음악을 더욱 빛나게 하는지도 모른다.

흥미로운 것은, 코미디가 '가상 인과성'의 이야기 구조를 통해 웃음을 만들어내듯, 음악 역시 '가상 인과성'의 즐거움으로 재해석된다는 점이다. 이 두 예시는 결국 하나의 영역으로 수렴한다. 그 영역은 현실로부터 적당한 거리를 유지한 상상의 공간이다. 인간은 이렇듯 현실도 아니고 완전한 허구도 아닌, 중간 지대를 '이데아의 세계'로 믿는 듯하다. 우리는 이 가상의 공간인 상상 속의 세상에서 위로받고, 잠시 휴식하며, 심신의 균형을 되찾는다.

음악 속 상상의 공간은 리듬과 음향, 화성과 예측의 어긋남이 빚어내는 신경학적 실험실이다. 듣는 이는 그 안에서 감정을 시험하고 반복할수록 상상의 서사는 더욱 촘촘하게 이어진다. 상상의 공간은 생명이 만들어낸 안전한 공간이다. 이 공간은 위기 상황에서는 열리지 않는다. 오직 안전이 보장된 편안한 공간에서 몸속에 지닌 긴장의 해소와 욕망을 꿈꾸고 기획하게 만드는 공간이다.

이렇듯 가상의 허구가 현실의 고통을 위로하듯 음악의 상상도, 힘들어진 현실에 개입해 치유의 힘을 발휘한다. 이때 비인과성의 논리는 오히려 인과의 한계를 더욱 뛰어넘는 진한 합목적성으로 작용한다. 그것은 현상적 인과에 매이지 않는 '회피의 논리'이며, 더 나은 가상의 합목적을 따르려는 생명의 지혜로운 전략이다.

돌이켜보면, 모든 예술과 놀이는 꼭 현실을 흉내 낸 가상공간에서 상상의 나래를 펼친다. 우리가 그 공간을 즐기는 까닭은, 감정이 현실의 감시자라는 본래 목적을 잃지 않으면서도, 더 안전하고 창조적인 모의실험을 가능하게 하기 때문이다.

앞선, 코미디 이야기는 인과적으로 추론하면, 말도 안 되는 헛소리지만, 인과성을 끊어내니 웃어넘기는 이야기가 되었다. 음악 속의 비극도, 비극 속으로 침잠하면 더는 듣고 싶지 않은 고통이겠지만, 이것을 오히려 합목적성으로 희화화면, 위로받는 음악이 된다.

인과성을 끊어내지 않으면, 소리가 제각각 파편화되지 않으면, 음악의 상상력이 발현되기 어려운 것도 바로 이와 같은 이유였다.

감정이 왜 이런 행동을 할까?

즐거워야 할 상황을 만들어야 하기에, 비 인과성의 상황에서 아름다움을 만들어내려는 감정의 의지가, 존재하지도 않는 소설을 그려내서 자아(Ego)에게 위로하듯 즐거운 선물을 하려는 것이다.

왜 비인과성의 상황만을 골라서 할까?

음악 감정의 기원

인과적 현실은, 이미 그림 그려진 캔버스와 같아서 내 맘대로 그림을 바꾸기 어렵지만, 비인과적 상황은 하얀 도화지와 같아서 마음껏 상상의 그림을 그려낼 수 있다. 현실 세계의 이야기라도, 인과성을 파괴하고, 비인과성으로 왜곡시킬 수만 있다면, 그 속에서도 상상으로 즐거워질 수 있다. 클래식의 기악은 한술 더 떠서 제각각 소리의 완전한 비인과성 때문에, 음악의 상상이 한없이 깊어질 수 있었다.

왜, 꼭 필요했을까?

인간에게 가해지는 과도한 삶의 스트레스가 생명의 성장과 사회적 화합에까지 지나치게 악영향을 끼쳤다. 죽을 것 같아 생명을 지키기 위해 어쩔 수 없이 즐거움을 만들어냈다. 그것은 생명의 요구였다.

이 감정의 생리가 더욱 확장하여 '아름다움'의 개념을 만들어내지 않았을까? 아름다움이란, 긴장을 이완시키는 기분 좋은 모든 요소의 관념적 총체라고 여겨진다. 그래서 사람들은 항상 아름다움을 켜켜이 구현하려는 경향이 생기지 않았을까?

그 보약 같은 아름다움의 모든 대상은 비인과적이거나, 비인과적 요소를 부분적으로라도 반드시 내포한다. 왜냐하면, 아름다움을 상상으로 만들어내야 하기 때문이다. 그래서 언제든 아름다움을 부여할 수도, 다시 걷어 가기도 쉽기 때문이다.

아름다움을 느껴야 하는 정당한 이유가 없는데도, 모두가 그렇게 약속하면, 그렇게 아름다워지는 감정의 합목적성이 만든 아름다움이다. 꽃의 아름다움은, 꽃의 몸체, 색깔, 향기, 모두가 이유 있게 연결되어 당연한 듯 아름다워진 것이 결코 아니다. 모든 것을 내어주는 꽃이 고마워서 아름답게 포장되었을 뿐이다. (만약, 꽃이 전염병을 옮기는 온상이라면, 아름다움을 회수해야 한다. 그러면, 꽃은 혐오의 상징이 될 수도 있다.)

음악도 이와 마찬가지로 감정이 덧씌운 의도로 희락의 감정을 앞세워, 그것으로 스트레스도 달래줄 수 있으니, 이것으로 감정은 음악 속의 멜로디에서 음악의 환희를 만들어내기가 훨씬 더 수월해졌다.

칸트는 『판단력 비판』에서 아름다움에 관한 판단을 '목적 없는 합목적성(Purposiveness without purpose)', 즉 외적인 이득이나 목적이 없는 상태에서 "마치 목적이 있는 것처럼" 느껴지는 형식적 성질이라고 설명했다.

칸트의 통찰대로, 외형상 우리의 '의식'은 낭만과 예술을 목적 없는 순수한 유희로 느껴왔다. 하지만 수면 아래, 생명의 심연에서는 전혀 다른 일이 벌어지고 있었다. 그곳에는 '생존'이라는 가장 강력한 목적을 향해 치열하게 작동하는 아름다움이 펼쳐져 있었기 때문이다.

단지, 칸트의 시대는 아직 뇌와 유전자의 비밀을 볼 수 없었던 시대였다. 그 시대에 칸트는 인간이 느끼는 '현상(Feeling)'을 말했고, 이 시대에 이르러서야, '본질(Root)'을 말할 수 있는 세상이 된 것이다.

그러니, 이제는 단호하게 말할 수 있게 되었다.

생명을 온전하게 보좌하려는 음악의 합목적성 때문에, 악기들의 제각각의 울림을 익숙해진 음악의 이법(Musical logos, 理法)을 나도 모르게 따라가며, 마치 즐거운 이야기처럼 알아듣게 되었다.

* 항상성(Homeostasis) 유지: 스트레스로 깨진 몸의 균형을 되찾으려는 생리적 욕구가 바로 '합목적성'의 생물학적 실체다. 음악이 코르티솔(스트레스 호르몬)을 낮추고 옥시토신(결속 호르몬)을 높인다는 사실을 덧붙이면 논리가 더 완벽해진다.

* 사회적 그루밍(Social Grooming): 진화심리학자 로빈 던바(Robin Dunbar)는 언어와 웃음, 음악이 원숭이들의 '털 고르기'를 대체한 사회적 결속 도구라고 주장했다. '간지럼' 예시는 이 이론과 아주 잘 맞아떨어지는 이론이다.

2부 소리의 철학

* 영어권에서는 코미디를 이렇게 바꿔내야 이해할 것이다.

Someone asked a riddle: "Why did the student eat his homework?" The answer is, "Because the teacher said it was a piece of cake." It is a comedy that breaks the chain of causality and catches us off guard with an absurd logical leap.

(누군가 문제를 냈다. "왜 학생은 숙제를 먹어버렸을까?" 답은 '선생님이 그것은 케이크 한 조각(식은 죽 먹기)이라고 했기 때문'이란다. 인과성의 연결을 깨고, 엉뚱한 비약으로 허를 찌른 코미디다.)

음악 감정의 기원

Prelude

초등학교 1학년 무렵, 집에는 베토벤의 교향곡 5번 「운명」과 차이콥스키의 「백조의 호수」 레코드판 딱 두 장이 있었다. 턴테이블 바늘의 가냘픈 진동을 전자 앰프도 없이 나무 밥상이 증폭해 주었고, 그 장난감이 신기하여 귀를 바닥에 밀착한 채, 흘러나오는 소리를 숨죽여 들었다. 그것이 내가 클래식을 처음 만난 사건이다.

그 시절 서울 성북동 집은 아주 허름했지만, 꽤 재미있는 구석이 많았다. 골짜기에서 내려온 실개천 하나가 집 안을 관통해 흘렀고, 바위틈에서 솟아나는 가느다란 옹달샘은 시간이 지나면 제법 모여져 우리 집의 식수가 되었다. 비가 오면 천장을 뚫고 떨어지는 빗물을 여기저기 빈 그릇으로 받아내었다.

가난했으나 마음은 풍요로웠던 그 집의 풍경과 함께, 밥상을 타고 흐르던 클래식의 선율은 내 삶의 가장 오래된 기억의 파편으

2부 소리의 철학

로 남았다. 그리고 그 기억은 꼭 「백조의 호수」의 '어린 백조들의
춤'이 들려오면 영락없이 떠올랐다.

음악 감정의 또 다른 파편,
삶의 기억

결국 음악 감정은, 소리의 파편들을 재료 삼아 마음속에서 그것을 흉내 내듯 조립해 내는 정신작용에서 비롯된다. 이 과정은 바깥 세계를 학습하며 감정을 형성해 온 인간 본연의 메커니즘이, 음악 속에서도 똑같이 작동한 결과였다.

학습은 곧 경험이며, 동시에 음악감상이다. 소리를 거울처럼 흉내 내는 행위는 단순한 모방이 아니라, 수많은 파편을 엮어내는 상상력의 노동이며, 집중과 인내를 요구하는 사유의 과정이다. 그렇게 축적된 파편들은 어느 순간, 음악이라는 감정의 형상으로 떠오른다.

그런데 이렇게 파편화된 소리의 조각들이 음악 감정을 형성할 때, 여기에 또 다른 파편들이 덧입혀진다. 바로 앞서 이야기했던 큼지막하게 파편화된 일화기억이다.

　그런 기억이 올라붙는 이유는, 비슷한 음악 감정과 그에 호응하는 삶의 기억들이 연상되자, 이것마저 올라붙기 때문이다. 이것은 마치 음악 감정이 미리 앞서가며 음식을 다 차려놓자, 그 소리를 듣는 순간 어떤 소리의 짧은 단서 하나가, 옛날의 추억을 이차로 소환하는 모양새다.

　이는 음악이 공감각적 심리의 공통된 회로를 자극하여, 그와 연결된 일화기억을 끌어올리기 때문이다. 또 다른 경우는, 특정 음악이 과거의 사건 기억과 함께 저장되었다가, 훗날 그 음악을 다시 들었을 때 주변의 장면들이 줄줄이 소환되는 현상이다. 어떤 장르의 음악이든, 모든 음악 감정은 일화기억을 붙잡고 확장하는 데 최적화되어 있다.

　그 이유는, 음악도 일화기억도 모두 파편화된 감정 구조라서 그렇다. 잘게 쪼개기 쉽고, 이것을 다시 조립하기도 쉬운 구조적 특성이 서로를 다리 놓듯 연결하는 감정 구조로 되어서 그러할 것이다.

　일화기억이 가장 극명하게 드러나는 감정을 '애(哀)'의 마음에서 찾아보았다. 베토벤의 현악사중주 16번 3악장의 느린(Lento assai-) 곡 속에는 단순한 소리의 감동을 넘어, 삶의 고단한 기억들이 파편처럼 떠올라서, 한없이 깊고 깊은 심연(深淵) 속으로 빠져들게 한다.

이 음악을 음미하다 보면, 과거의 기억들이 파편처럼 흩어져 올라오고, 그 순간 음악이 어느새 현실을 초월해 버린 것처럼 느껴진다. 여기에 음악의 합목적성인 희락의 감정이 가세하면, 그 심연 속에서도 기이한 위로가 솟아오른다. 마치 땀에 젖은 축축한 마음을 차가운 바람이 습기를 쓸어가듯. 다음은 그 음악의 여러 단서가, 삶의 기억 여러 개를 담아낸 음악 감상문 하나를 인용해 보았다.

처음부터 낮은 제1 바이올린의 우는 소리가,

마음속을 심란하게 긁고 지나간다.

삶을 뒤로 되돌리듯 슬프고 후회스러운 빛깔이,

이제는 노쇠하여 청년기의 질곡이 희미하기도 했건만,

새삼 회상하며 탄식의 세월을 애틋하게 더듬는다.

슬픔이 복받쳐 오르는데,

마음의 또 다른 한쪽은 애써서 눌러낸다.

그래도 진한 눈물이 자꾸 앞을 가리는데,

첼로는 중심을 잃지 않고 위로하듯 어루만진다.

체념이 슬픔을 이기지 못한 채 몇 번이나 읊조리는데,

첼로는 여전히 굵직하게 어루만지기만 할 뿐,

이미 흘러가 버린 미련은 아무것도 되돌리지 못한다.

노쇠한 마음은 더는 버티지 못하고,

메아리처럼 슬픈 곡조는 점점 희미해져 간다.

비극처럼 전개된 이 이야기는, 사실은 상처를 그렇게 드러내는 과정을 통해 결국 음악 속에서 위로받는 중일 것이다. 이런 기억은 음악의 작은 신호 하나가 기폭제가 되어 되살아난 마음속 깊은 과거의 파편들이다. 레코드판(LP)의 질감 어린 추억도, 어린 시절 놀이터의 흙냄새도, 젊은 날의 로맨스도, 음악이 그 틈에 개입하는 순간 모두 더욱 견고한 추억으로 굳어진다.

그래서 인생의 긴 여정 속에서 음악이 불러내는 추억들은 삶의 기억들과 서로 엉겨 붙어, 실타래처럼 얽힌 의미를 매번 다시 풀어내며 새롭게 환기된다. 많은 사람이 그래왔듯 음악과 함께하는 삶은, 잔잔하게 오래도록 이어지는 인생의 영원한 동반자가 되어준다.

㈜ 시뮬레이션 이론 (Simulation Theory): "흉내 내듯 조립해 내는 정신작용"은 뇌가 소리를 수동적으로 듣는 게 아니라, 운동 피질과 '거울신경계'를 통해 능동적으로 재구성한다는 최신 이론과 일치한다. 즉, 기악 음악에 남아있는 프로소디(억양과 호흡)는 우리의 '거울신경계'를 자극하여, 연주자의 움직임과 그 이면에 숨겨진 가상의 화자가 느끼는 감

음악 감정의 기원

정을 내 몸의 생리적 반응으로 직접 재구성하게 만든다. 음악이 그토록 즉각적으로 우리의 심장박동을 바꾸고 소름을 돋게 하는 이유가 바로 여기에 있다.

㈜ 프루스트 효과 (Proust Effect): 이성을 우회하여 감정의 심연으로 직행하는 통로다. 마르셀 프루스트의 소설에서 주인공이 마들렌 빵의 냄새를 맡고 순식간에 과거의 기억으로 빨려 들어간 것에서 유래한 이 효과는, 후각뿐만 아니라 청각(음악)에서도 가장 극적으로 나타난다. 시각 정보는 대뇌 피질을 거치며 '이것은 무엇인가'를 논리적으로 분석하고 해석하는 과정을 거친다. 하지만 음악적 청각 정보는 진화론적으로 훨씬 더 원초적인 경로를 타게 된다. 귓바퀴를 통과한 소리의 억양과 화성은 논리적 판단을 담당하는 뇌의 이성적 필터를 우회하여, 감정과 기억의 보관소인 '변연계(Limbic System, 특히 편도체와 해마)'로 말 그대로 직행한다.

* 안전한 슬픔 (Sadness Paradox): 베토벤의 슬픈 음악을 들으며 위로받는 현상은 생물학적으로 '안전한 슬픔'이기 때문이다. 현실의 슬픔은 위협이지만, 음악 속 슬픔은 뇌가 '안전하다'라고 인지하는 상태에서 긍정적 호르몬(프로락틴, 옥시토신)을 분비하게 만듭니다. 이것이 '합목적성'의 생화학적 증거이다.

음악의 신비경:
논리적 극한의 알고리즘

지금까지 전개된 이야기로는 음악의 신비경을 모두 설명할 수 없다. 하여, 그 모든 요소가 다 어우러진 음악의 신비경을 따로 펼쳤다. 글의 서문에 밝힌 '신비경', '초월경'을 여기서 방점을 찍으려 한다.

　그 이야기를 꺼내기 전에, '케이크 한 조각' 이야기를 다시 상기해 보자. 그 허무하고 말도 안 되는 언어유희에 우리가 기꺼이 실소를 터뜨리는 이유는 무엇일까? 우리 뇌는 '학생'과 '숙제를 먹다'라는 상황을 듣는 순간, 배가 몹시 고팠다거나 강아지가 물어뜯었다는 식의 합리적인 인과관계를 부지런히 예측하기 시작한다. 그러나 '케이크 한 조각(Piece of cake)'이라는 비유적 관용구를 물리적인 먹거리로 둔갑시킨 궤변이, 그 예측의 궤도를 순식간에 탈선시켜 버린다. 팽팽하게 당겨져 있던 논리의 끈이 엉뚱한 곳에서 툭 끊어지는 이 순간, 뇌는 일종의 '인지적 불협화음'을 경험한다.

흥미로운 것은 진화의 산물인 우리 뇌가 이 불협화음을 불쾌하게 여기지 않는다는 점이다. 오히려 뇌는 뻔한 논리의 궤도를 부수고 나타난 유쾌한 비논리에 당황하는 대신, 도파민을 분비하며 '웃음'이라는 강력한 쾌감으로 보상한다.

이것은 단순한 심리적 비유가 아니라 생물학적으로 실재하는 현상이다. 실제로 감정 반응을 조절하는 세로토닌 운반 유전자(5-HTTLPR)는 이러한 유쾌한 파격과 웃음에 깊이 관여한다. 이른바 '웃음 유전자'의 존재는 우리가 엉뚱한 코미디나 비논리적인 상황을 맞닥뜨렸을 때 즉각적인 카타르시스를 느끼도록 진화해 왔음을 증명한다. 우리 몸의 가장 진솔하고 근원적인 유전자 지도가 이미 이 비논리의 유희를 즐기려고 준비를 마친 셈이다.

음악이 우리에게 짜릿한 쾌감과 신비로운 감동을 선사하는 원리도 이와 정확히 맞닿아 있다. 작곡가들은 견고한 음악의 이법(理法)을 통해 청중의 뇌 속에 특정한 화성과 리듬의 논리를 겹겹이 쌓아 올린다. 이 추상적이고 견고한 논리의 건축물이 마음속으로 들어가 충돌할 때, 그 접점에서는 어떤 신경학적 스파크가 일어날까?

여기서 신경과학자 로버트 자토르(Robert Zatorre) 연구팀이 뇌의 음악적 쾌감을 추적한 실험을 짚어볼 필요가 있다. 뇌는 과거의 청각적 경험을 바탕으로 다음 음을 쉴 새 없이 예측한다. 작곡가가 설계한 논리적 예측이 그대로 적중하여 흐름이 맞아떨어질 때, 우리는 질서와 안정감이라는 기분 좋은 편안함을 누린다. 하지만 뇌의 보상 회로에서 도파민이 폭발적으로 쏟아지는 최고의 순간은 따로 있었다.

작곡가가 결정적인 순간에 기습적인 전조(轉調)나 예기치 못한 물리적 불협화음을 던져, 청중의 예상을 통쾌하게 빗나가게 할 때다.

이 과정에서 감정이 지닌 생물학적 본능을 들여다보면 그 쾌감의 실체는 더욱 명확해진다. 본래 감정이란 찰나의 순간에 상황을 판단하고 행동해야 하는 생존 시스템이다. 생명이 위급한 상황에서 감정에게 '느림'은 곧 죽음을 의미하기 때문이다.

그런데 작곡가가 치밀하게 얽어 놓은 기습적인 파격이나 복잡한 논리 앞에서는 두 가지 이유로 감정의 추적이 끊어지게 된다. 첫째는 철석같이 믿고 있던 뻔한 예측의 궤도를 정면으로 비틀어버리는 기습적인 '배신'이며, 둘째는 쏟아지는 방대한 화성의 정보량을 주어진 시간 내에 도저히 해석해 낼 수 없는 '판단 시간 초과(과부하)'다.

결국 감정은 기막힌 반전에 당황하거나, 벅찬 논리를 좇아가다 지쳐 과부하를 일으킨다. 그때, 우리 뇌는 곧바로 이것이 물리적 위협이 없는 안전한 소리, 즉 '생존이 아닌 놀이'라는 사실을 인지한다. 상황이 놀이임이 명확해진 이상, 감정은 더는 피곤하게 적극적인 논리를 끝까지 따르거나 분석할 필요를 느끼지 못한다. 굳이 에너지를 낭비할 이유가 없기에, 감정은 안도감과 함께 서둘러 논리 추적을 포기하고 유쾌한 '항복'을 선언해 버린다.

만약 이게 실제상황이었다면, 감정은 이성과의 협업으로 기필코 그 문제를 해결하려 들었을 것이다. 그런데, 편안한 놀이의 시간일 때는 그것을 해결해 봤자, 비현실 속의 이야기라서 허공에 공을 들이는 격이니 아무런 이득이 없을 것이다. 이걸 모를 감정이 아니다.

비현실 속에 치밀하게 구축된 음악의 논리가 무너지고 감정이 백기를 드는 이 인지적 불협화음의 찰나, 팽팽했던 생존 회로의 긴장이 일거에 해제되며 청중의 뇌는 엄청난 양의 도파민을 쏟아낼 것이다.

이 모든 현상을 관통하는 단 하나의 절대적인 대원칙이 있다. 바로 '음악은 모두 즐거워야 한다'라는 감정 속에 아로새겨진 '음악의 합목적성'이다. 작곡가가 설계한 논리적 해석이 뇌 안에서 완벽하게 맞아떨어져 편안한 만족을 주든, 아니면 거대한 파격과 벅찬 정보량 앞에서 뇌의 계산이 산산이 깨어지며, 기분 좋은 항복을 끌어내든 본질은 다르지 않다. 이래도 좋고, 저래도 좋은 것이다. 왜냐하면, 음악의 합목적성이니까.

다만, 무작위의 소음이 아니라, 작곡가가 구축한 음악 논리의 타당성이 뇌를 일정 수준까지 팽팽하게 이끌어간 뒤에, 그 끝에서 거대한 파격을 맞이할 때만 비로소 터져 나오는, 음악이어야 한다. 그것은 음악의 논리가 잘 풀려가다 깨지는 경우라서 감정이 지루해하지 않는 음악이다.

이처럼 '신비'나 '초월'이라는 단어는 반드시 그 정체가 온전히 드러나지 않았음을 전제로 하는 이름이다. 모든 이치가 명명백백하게 밝혀진 대상이 아니라, 끝내 불명확하고 이성의 잣대로는 다다를 수 없는 아득한 대상에게만 허락되는 것이다.

썰렁한 농담의 엉뚱한 결말에 피식 웃음을 흘리게 만드는 진화의 유전자나, 베토벤의 기막힌 반전에 전율하며 기꺼이 항복해 버리는 감정회로는 모두 같은 뿌리에서 뻗어 나온 것이다. 왜냐하면, 그 둘은 집단 사회의 오래된 갈등을 완화하려는 장구한 세월의 노력을 반영하듯, 화해의 목적을 담고 있기 때문이었다.

음악의 이법(理法)이 만들어낸 견고한 긴장, 그리고 그것을 무너뜨리는 파격의 짜릿함. 논리의 순응과 파괴가 교차하는 이 지점에서 비로소 피어나는 불명확한 신비로움이야말로, 언어의 좁은 틀을 넘어서 우리를 마침내 초월경(超越境)으로 인도하는 음악의 진정한 힘이다.

음악 감정의 기원

* 캐나다 맥길 대학교의 신경과학자인 그는 '음악이라는 추상적인 소리가 어떻게 인간의 뇌에서 그토록 강력한 쾌감을 만들어내는가'를 생물학적으로 증명해 낸 이 분야의 최고 권위자다. 이 책의 '이법', '기다림', '파격'의 개념과 소름 돋을 정도로 정확히 일치한다. 그의 연구(특히 발로리 살림푸어 연구원과 함께한 연구)의 세 가지 핵심 기둥은 다음과 같다.

1. 추상이 생존 회로를 해킹하다 (도파민의 분비)

인간의 뇌에서 쾌락을 관장하는 '보상 회로(선조체)'는 본래 식욕이나 성욕처럼 생존과 직결된 자극이 주어질 때만 도파민을 분비하도록 진화했다. 그런데 자토르 팀은 fMRI 스캔을 통해, 생존에 전혀 필요하지 않은 추상적인 공기 진동(음악)이 식욕이나 성욕과 완전히 동일한 뇌의 원초적 보상 회로를 맹렬하게 활성화한다는 것을 최초로 증명했다. 음악이 생물학적 본능을 완벽하게 흉내 내어 뇌를 '해킹'한다는 사실을 과학적으로 못 박은 것이다.

2. 도파민의 두 단계: '기대(Anticipation)'와 '절정(Peak)'

자토르는 도파민이 음악을 듣는 내내 일정하게 나오는 것이 아니라, 아주 전략적으로 두 단계에 걸쳐 분비된다는 놀라운 사실을 밝혀냈다.

· 기대 단계 (미상핵, Caudate 활성화): 음악의 절정이 오기 직전, 긴장감이 고조되며 "이제 곧 터진다!"라고 뇌가 예측하며 기다리는 시간이다. 놀랍게도 뇌는 절정을 맛보기도 전인 이 갈망의 시간부터 이미 막대한 도파민을 뿜어낸다. (이 책의 '전략적 지연'과 '사냥감을 노려보는 사자'의 메커니즘이 바로 이것이다.)

· 절정 단계(측좌핵, Nucleus Accumbens 활성화): 음악이 마침내 긴장을 해소하거나 벅찬 감동을 터뜨리는 찰나다. 이때 보상 회로의 다른 부위가 폭발적으로 활성화되며 음악적 카타르시스(소름 돋음, Chills)를 완성한다.

그렇다면 뇌는 무엇을 근거로 음악을 '기대'할까요? 자토르에 따르면, 인간의 뇌는 살면서 들어온 음악적 경험을 바탕으로 나름의 '음악적 문법(Schema)'을 뇌 신경망에 저장해 둔다. 이것이 이 책의 작곡가들이 쌓아 올린 견고한 '이법(理法)'이다.

뇌는 이 이법을 바탕으로 끊임없이 다음 화성과 선율을 예측한다. 만약 예측이 맞으면 뇌는 기분 좋은 안정감을 느끼게 된다. 하지만 훌륭한 작곡가들은 이 예측을 뻔하게 충족시켜 주지 않고 끈질기게 지연시키거나, 예상치 못한 화성으로 기분 좋게 '배반(파격)'한다. 자토르는 바로 이 '인지적 예측 오류(Prediction Error)'가 일어나는 순간이 뇌가 가장 극렬한 쾌감을 느끼는 순간이라고 설명하였다.

음악 감정의 기원

감정을 설계하는 음악의 이법(理法), 보편성

이야기가 여기까지 이르자 또 다른 의문 하나가 떠오른다.

감정이 이토록 희락으로 편향되어, 사람들 저마다 다른 감수성으로 음악을 제멋대로 해석할 우려는 없을까? 그래서 모두가 공감하는 음악이 되지 못하는 것은 아닐까?

반드시 만인이 공감해야만 음악이 선택받을 수 있다. 그래야만 집단이 모여 춤출 수 있고, 제사 의식의 엄숙함도, 전쟁놀이의 행진곡도 음악으로 한 몸이 될 수 있기 때문이다. 그러니, 답은 이미 확고하게 나와 있었다. 앞서 〈클래식의 객관성: 감정의 농도일까, 감정의 색채일까〉에서 클래식이 태생적으로 객관성을 가질 수밖에 없음을 언급한 바가 있다. 이번에는 클래식의 역사를 통해서 사람들이 어떻게 공감하는 음악으로 만들어갔는지, 음악 사학적 관점으로도 조명해 보았다.

음악의 합목적성은 결코 제멋대로의 합목적성이 아니었다.

감동을 가능하게 하는 것은 계산된 논리적 구조가 지닌 긴장과 응축이다. 아무렇게나 흩뿌려진 소리에는 파격이 없고, 오직 치밀하게 쌓아 올린 음악의 질서 위에서만 빛을 발한다.

음악의 논리는 비록, 비인과적 직관과 우연적 음향 실험으로부터 시작되었지만, 음악 논리의 체계화를 통해서 예측할 수 있는 감정 구조를 마음껏 창출할 수 있게 되었다.

이것은 음악이 자발적 감정의 유희를 넘어, 감정의 느낌을 구조적으로 설계할 수 있음을 의미한다. 그래서 음악의 논리는 기술적 훈련을 넘어 해석적 감각과 구조적 통찰을 제공하게 되었다. 그러니 듣는 이는 감정의 흐름에만 몰입해도 되지만, 작곡가는 고도의 논리적 계산으로 구조적 설계인 '창작'의 열정을 쏟아부어야 한다.

지금까지 얼마나 많은 작곡가가, 헤아릴 수 없이 많은 작품을 남겼을까? 그러나 극소수의 이름난 이들을 제외하면, 작곡가 대부분은 세상에 알려지지도 못한다. 셀 수 없이 많은 작품이 몇 번 연주되는 것으로 생을 마치고, 기록도 남기지 못한 채 사라져갔을 것이다. 음악의 논리가 사람들에게 설득력을 얻는 일은 결코 쉬운 일이 아니다. 웬만한 구조와 논리로는 감정을 흔들어 놓기가 어려운 것이다.

음악 감정의 기원

그럼에도, 수많은 작곡가가 각자의 치열한 논리를 밀고 나갔고, 그 논리가 축적되고 학습되며 대물림되면서, 음악의 논리는 점차 설득력을 갖추어 나갔다. 모두가 공감할 수 있는 정서의 질서가 아주 오랜 시간에 걸쳐 차근차근 완성되어 간 것이다.

그렇게 축적된 음악은 서서히 자리를 잡고, 마침내 견고한 성(城)을 이루었다. 그것이 바로 음악의 '이법(理法)'이었다. 그런 논리적 구조는 사람들을 움직이는 '감정의 법칙'이기도 하다.

하지만, 그 이법은 마음의 원리를 명확히 이해하고 만들어낸 결과물이 아니었다. 인류는 무수한 세월 동안 감정의 미세한 흔적을 소리로 시험해 가며, 어둠 속을 더듬듯 음악을 구축해 왔다. 감정은 무의식의 심연에서 솟아나는 것이기에, 우리는 그 작은 조각만 겨우 알아냈을 뿐이다. 그런데도 사람들은 감정이 남기는 표상의 느낌을 음으로 재현하며, 집요하게 음악의 알고리즘을 오래도록 다듬어 왔다.

그렇게 축적된 지식은 음악의 이론이 되었고, 후대로 이어지며 대대로 바통터치 하여 찬란한 음악의 역사를 이루어 냈다.

이제는 음악의 이법(理法)이 있기에, 작곡가들은 희로애락의 느낌을 마음껏 주무르듯 감정을 움직일 수 있다. 무작위의 소리 파편들을 모아 모두가 공감하는 음악 감정으로 조직해 낸 것이다. 이는 인류가 오랜 세월을 들여서 쌓아 올린 경이로운 금자탑이며, 소리 속에서 발견하고 다듬어 온 질서의 결정체다.

특히 감정을 조여 두었다가 해방감으로 터뜨리는 기승전결의 서사는, 감정이 본능적으로 선호하는 음악의 논리다. 이 때문에 음악은 반드시 '변화'를 만들어내야 하며, 그 변화는 절정을 향해 나아가는 감정의 서사를 정당화시키는 수많은 창의적 장치가 있어야 한다.

음악 감동을 주기가 어렵기에, 소리의 긴장이 한순간만 흩어져도 금세 힘이 빠진 음악이 되기 쉽다. 그래서 작곡가들은 특별한 울림을 만들기 위해 치열한 구조적 고민을 거듭한다. 여기에 더하여 연주자가 창의적으로 곡의 흐름에 생기를 불어넣으면, 같은 작품이라도 때로는 전혀 다른 차원의 감동을 불러일으키기도 한다.

이것은 음악만의 법칙이 아니다. 문학의 파격도, 미술의 파격도, 모두 그들만의 치열한 논리를 가지고 가상 인과성의 상상 공간에 환영(幻影) 같은 짜릿함을 담아낸다. 그 결과 감정은 도파민의 쾌감을 부여하고, 자아는 충만한 의미로 착각한다. 그래서 감정의 계략은 언제나 예외 없이 성공적이었다.

음악 감정의 기원

그러므로 감정이 발현하는 음악의 느낌은, 모두가 공감하는 음악의 합목적성이 발현된 것이다. 그것은 진화적 선천성과 소소한 경험의 장구한 체득으로 풀어내는 해석의 방식이라서, 모두가 공감하는 하나의 방향성을 가질 수밖에는 없지 않은가.

그래서 음악의 서사는 허상 같은 질서를 스스로 창조하며, 그 허상이 실제보다 더 실감 나는 감정의 파노라마를 구축한다. 모두가 공감하는 기악의 소리는 감정의 합목적성에 의해 마치 실체가 있는 이야기인 듯, 모두가 공감하는 가상 인과성의 음악으로 들려진다.

이처럼 모든 게 완벽하게 준비된 감정은, 음악을 억지로 연결하거나 해석할 필요가 없다. 감정은 스스로 조직된 언어이자 해석의 주체다. 음악을 듣는다는 것은, 감정이라는 고대의 신경망이 자신의 화법으로 가상의 세계를 만들어내는 과정이다. 이성은 그 뒤에서 조용히, 감정이 내린 판결을 마치 '이해된 것처럼' 착각하며 안도할 뿐이다.

자아는 이 은밀한 작동을 알지 못한 채 "내가 음악을 이해했다"라고 생각하지만, 실제로는 감정이 먼저 음악을 해석한 것이다. 우리가 강렬한 신비의 감흥을 느끼는 순간조차, 그 신비가 실재했기 때문이 아니라 감정의 상상이 그것을 빚어냈기 때문에 그렇게 느껴진 것이다.

2부 소리의 철학

* 배음렬(Harmonic Series)과 생물학적 기초: 음악의 논리가 완전히 자의적이지 않은 이유는 물리적 소리의 성질인 '배음(Overtone)' 때문이다. 옥타브(2:1), 완전5도(3:2)와 같은 비율은 인간의 달팽이관이 가장 편안하게 받아들이는 구조다. 이것이 전 세계 음악에 공통된 '객관적 뼈대'를 제공한다.

* 예측 오류와 보상(Reward Prediction Error): 작곡가가 "긴장을 조여 두었다가 터뜨린다"라는 것은 뇌과학적으로 '예측 위반(Tension)'과 '해소(Resolution)'의 게임이다. 뇌는 뻔한 진행(예측대로)보다, 살짝 빗나갔다가 해결될 때(예측보다 더 좋을 때) 더 많은 도파민을 분비한다. 음악 이론은 이 도파민 분비 패턴을 정교하게 공식화한 것이다.

* 감정의 우위(The Low Road): 조셉 르두(Joseph LeDoux)의 연구에 따르면, 청각 정보는 이성적 뇌(피질)로 가는 길(High Road)보다 감정적 뇌(편도체)로 가는 길(Low Road)이 더 빠르다고 한다. "감정이 먼저 해석하고 이성은 나중에 착각한다"라는 통찰은 신경해부학적 사실과 정확히 일치한다.

음악 감정의 기원

감정의 두 얼굴:
낮에는 긴장을 이기고, 밤에는 긴장을 풀고

음악 이후로, 감정은 낮과 밤이라는 두 얼굴을 가지게 되었다.

아니, 어쩌면 그 이전부터 이미 긴장을 풀어내는 다른 도구가 존재했을 지도 모른다. 오래전부터 그 자리를 섹스가 대신해 왔을 가능성도 있다. 생명이 견디는 긴장의 무게에는 한계가 있으며, 그 무게를 견디지 못하면 생명은 속절없이 무너지고 만다.

감정은 현실 속에서는 스트레스를 감당하려 하고, 현실을 적당히 벗어 난 상황에서는 스트레스를 풀어내려 한다. 음악 속에 깊이 몰입해 있는 동안에도, 전화벨이 울리거나 갑작스러운 소음이 들리면 경계심이 되살 아나고, 그 순간 감동의 전율은 허공으로 흩어진다. 이는 수천 세대를 거 쳐 뇌에 각인된, '현실로의 귀환'이라는 본능이 작동한 결과다.

몰입은 상상과 창의의 토대를 쌓고, 회귀는 현실과 생존을 굳건히 지켜낸다. 이러한 양면성은, 스트레스로 지친 심신을 치유하고, 건강함을 되찾아 고난을 극복해 온 인류의 선명한 자화상이다.

이처럼, 쾌락의 방법론도 생명이 스스로 알아채듯 만들어냈다.

인류 최초의 놀이는 리듬의 율동 음악이었다. 이어서 그림과 상징, 구전의 서사가 뒤를 이었고, 기록문학이 출현했다. 그것을 나누며 인류는 끝없이 자신을 스스로 초월하였으니, 스트레스를 해소하지 않았다면 인류는 여기까지 오지 못했다. 긴장을 푸는 휴식이 없다면 지능도, 감수성도 높아질 리 없고, 창의력도 고갈된다.

문명의 역사는 이 균형추 위에서 흘러왔다. 긴장을 풀고 회복할 때마다 인류는 더 큰 시도를 감당할 힘을 얻었고, 몰입은 예술과 신화를 꽃피웠으며, 회귀는 제도와 질서를 세웠다. 두 힘이 조화를 이루어, 인류는 창의성과 생존력을 동시에 품은 슈퍼맨이 되어갔다.

결국 음악이란, 인류가 살아남기 위해 필연적으로 만들어낸 긴장해소의 아름다운 도구다. 생명은 불필요한 것에 자원을 낭비하지 않으니, 음악이 필연이 아니었다면 지금까지 대를 이어오지 못했을 것이다.

(그 증거 중 하나로 과거의 인류가, 채소나 과일을 통해 비타민C를 공급받자, 결국

음악 감정의 기원

비타민C의 생체합성을 멈추지 않았던가. 생명은 이처럼 알뜰하다. 필요하지 않으면, 거두어들여서 다른 일에 쓰려고 변화를 모색하는 게 생명이 하는 일이다. 그러니 음악이 살아남았다는 것은 생명이 필요로 했다는 방증이 아니겠는가.)

그 대표적인 예로, 교회음악과 함께 클래식의 뿌리인 춤곡은, 싸우지 말고 화합하자는 의미로, 서로 손을 맞잡아 접촉하며 긴장과 갈등을 달래기 위한 리듬이었다. 이 춤곡이 원시 의례로부터 시작하여 궁정음악과 바로크를 거쳐 고전 교향곡과 소나타 속 미뉴에트, 스케르초까지 이어져 음악의 형식이 되었다. 이렇듯, 춤곡은 모든 문화권의 동시적 사건이었으니, 이것이 인류가 긴장과 갈등의 해소를 오래전부터 뼛속 깊이 고민해 왔다는 확실한 증거라고 여겨진다.

그런데, 인류에게는 아직도 음악이 필요하다. 사람들 간의 분쟁은 아직 멈추지 않았고, 전쟁도 여전히 계속되는 중이다. 그러니 감정은 앞으로도 음악을 멈출 생각이 없어 보인다.

지금까지의 이야기를 모두 연결해 보니, 감정의 역사를 이해한다는 것이 예술 속 신비를 정면으로 마주하는 비법이었다. 우리는 그 안에서 현실과 비현실(가상 인과성) 사이를 오가며, 인간 존재의 뿌리 깊은 양면성을 체험하게 된다.

아무도 관심 두지 않았던, 생명의 몸속에서 일어나는 음악 감정의 근원을 짚어보는 일은, 과학이 찾아낸 생명의 비밀을 들춰내어, 이제 막 한 발짝을 디딘 셈이다. 두뇌의 거의 95%가 무의식의 영역이라는 말도 있으니, 살아가는 대부분 시간을 무의식이 지배하고 있다는 말이 된다. 그 안에서 소리를 감지하려고, 얼마나 수도 없이 많은 생명의 작업이 나도 모르게 진행 중인지, 너무도 신비스러워서 그 경이로움으로 전율을 일으킬 지경이다.

이러하듯 생명의 은밀한 비밀을 들춰내는 일은, 클래식 음악을 단숨에 꿰뚫어내는 비법이다. 왜냐하면, '파편화'나 '비인과성'을 가진 내 몸속 소리의 기억은, 클래식 음악이 가진 상상의 원천이요, 클래식 음악의 핵심을 꿰뚫은 전체의 개념을 담아낸 말이다. 클래식 음악의 오랜 경험은 모두 그 안의 산물로서, 내 손바닥 안에 가두어버릴 정도의 깨달음을 주는 것이라서 그러하다.

한편, 누군가는 음악의 신비경을 천상에서 내려온 신의 선물로 여길지도 모른다. 신비의 근원을 미지의 공간으로 남겨둔 채, 신비 그대로의 높은 곳에 고이 모셔놓고, 그것을 추구하듯 신봉하는 자세도 아름다운 음악의 마음가짐이니, 음악 감흥 자체의 고귀함은 여전히 변함이 없을 것이다.

음악 감정의 기원

* 비타민 C 유비(GLO Gene Mutation): 인간을 포함한 영장류는 포도당을 비타민 C로 전환하는 효소(L-gulonolactone oxidase)를 만드는 유전자가 고장 나 있다. 식이를 통해 섭취가 가능해지자, 에너지 비용이 드는 생체합성을 포기한 것이다. 이를 음악에 빗대어 "쓸모없었다면 진작 버려졌을 것"이라고 주장한 논리는 진화생물학적으로 반박 불가능한 명쾌한 논증이다.

* 춤과 사회적 결속(Social Bonding Hypothesis): 진화심리학자 로빈 던바는 언어 이전에 음악과 춤이 대규모 집단을 결속시키는 '사회적 접착제' 역할을 했다고 주장한다. 미뉴에트와 스케르초를 단순한 형식이 아닌 '갈등 해소의 도구'로 해석한 것은 음악사적으로나 과학적으로나 매우 깊이 있는 통찰이다.

* 항상성(Homeostasis)의 도구: 음악이 교감신경(긴장)과 부교감신경(이완)의 균형을 맞추는 도구라는 점은 신경과학적으로 입증된 사실이다. 음악은 실제로 심박수, 호흡, 코르티솔 수치를 조절하여 생존에 기여한다.

Prelude

책을 써 내려가다 커다란 모순 앞에 멈춰 섰다.

음악의 논리를 촘촘히 이어가다 마주한 벽이었다.

낭만의 탄성이 과연 아무런 이유 없이 스스로 피어날 수 있을까?

생명의 이치가 그러하듯 자원을 극도로 아껴 쓰는 게 생명이다.

그렇기에, 원인 없는 '탄성'이란 도무지 이해할 수 없는 사건이다.

어쩌면 낭만이란, 난데없는 무질서한 감정의 폭발이 결코 아니다.

차가운 논리가 절정에 달해 비로소 터져 나오는 뜨거운 꽃이다.

그 모순의 끝을 붙들고 다시 낭만의 본질을 탐구하기 시작했다.

낭만(Romance)의 본질:
감정이 논리의 절정에서 피워낸 꽃

우리는 흔히 '낭만'이라는 단어에서 어떤 풍경을 떠올리는가?

아마도 이성의 끈을 잠시 놓아두고 감정에 취해 비틀거리는 즉흥적인 상태, 혹은 계획 없이 떠난 여행지에서 만나는 우연이나 술 한 잔에 읊조리는 시(詩) 같은 것들을 연상할지 모른다.

그러나 이것은 낭만의 껍데기만 본 오해일 뿐, 그 본질과는 거리가 멀다. 앞서 우리가 나누었던 치열한 논의 들을 종합해 볼 때, 이제 낭만은 전혀 새로운 관점에서 다시 정의되어야 한다.

낭만은 결코 '이유 없는 충동'이나 '무질서한 감정'이 아니다. 그것은 치밀하게 계산된 논리의 계단을 끝까지, 아주 성실하게 밟고 올라간 자만이 절정에서 터뜨릴 수 있는 '탄성'이다. 그것은 완결의 절정이기도 하고,

성실하게 밟고 올라간 도중 미완의 절정이기도 하다.

가장 이해하기 쉬운 예로 등산의 과정을 떠올려 보자. 산 정상에 섰을 때 가슴 벅차게 터져 나오는 그 감동, 우리가 '낭만'이라 부르는 그 전율은 도대체 어디서 기인하는 것일까. 만약 헬리콥터를 타고 편안하게 정상에 착륙한 사람이라면, 그는 "경치가 참 좋군요"라고 평할 수는 있어도, 가슴이 터질 듯한 낭만을 느끼진 못할 것이다.

진정한 낭만은 산 아래서부터 시작된 지루하고 고통스러운 '논리의 발걸음'이 선행되었기에 주어지는 보상이다. 어느 경로를 택해야 안전할지, 거친 호흡은 어떻게 조절하며 남은 체력은 어떻게 배분할지 끊임없이 계산하는 과정은 철저히 논리적인 육체의 노동이다. 이 '논리의 벽돌'을 하나하나 쌓아 올리며 숨이 턱끝까지 차오르는 순간을 묵묵히 견뎌냈기에, 정상에서 마주한 바람이 그토록 달콤하게 느껴질 것이다.

그러니 낭만은 노동의 논리가 소거된 자리에 피는 우연한 꽃이 아니라, 논리가 제 임무를 완벽히 수행하거나, 중도에 붕괴할 때 피어오르는 승리의 꽃이다. 건조한 논리의 작업이 난데없는 이질감의 탄성을 만들었기에 '꽃'이다. (붕괴하여, 중도의 만족도 불평의 탄식도 모두 꽃이다.)

우리는 이미 감정이 치밀한 존재임을 알아차렸다. 우리가 흔히 이성의 반대편에 있는 비논리로 치부하는 '감정'이, 사실은 생존을 위해 진화한 '가장 빠르고 정확한 논리 기계'라는 사실이다.

먼 원시시대를 상정해 보자. 풀숲에서 바스락거리는 소리가 났을 때, 그것이 호랑이일 확률과 바람일 확률을 계산하던 조상들은 모두 도태되어 잡아먹히고 말았다. 반면, 0.1초 만에 '공포'라는 감정을 느끼고 뒤도 돌아보지 않고 도망친 조상만이 살아남아 우리에게 유전자를 물려주었다.

공포는 "지금 당장 회피하라"는 경고이고, 분노는 "나를 방어하라"는 신호이며, 사랑은 "결합하여 생명을 지속하라"는 명령이다. 이처럼 감정은 우리 뇌가 복잡한 환경 변수를 모조리 순식간에 해석해 내린 '생존의 알고리즘'이자, 가장 효율적인 판단 도구인 셈이다.

음악이 위대한 예술로 칭송받는 이유는 바로 이 '논리와 낭만의 합작'을 가장 극적으로, 그리고 가장 아름답게 구현해 내기 때문이다.
겉보기에 음악은 그저 흐르는 대로 맡겨진 순수한 감정의 덩어리 같지만, 그 이면을 들여다보면 소름 끼칠 정도로 정교한 수학적 설계도가 존재한다.

그렇다면, 음악을 들을 때 작동하는 '감정의 치열한 논리'란 무엇을 말하는 것일까?

앞서 우리는 '복합음악감정'을 유발하는 소리의 비인과적 '파편'들을 귀가 따갑도록 들어왔다. 이제 그 파편들이 빛을 발할 차례다. 감정은 기억 속에 저장된 수만 개의 소리의 파편들을, 지금 감상 중인 음악과 대조하며 '꼼꼼한 꿰맞춤(Reconstruction)' 작업을 수행한다. 왜냐하면, 거울처럼 내 마음속에도 그것을 건축하듯 만들어내야 '음악 감정'이 생겨나니 그러하다.

여기에는 단순한 기계적 조립만 있는 것이 아니다. 과거의 경험에 비추어 이 흩어진 소리의 파편들을 어떻게 받아들여야 할지 끊임없이 가설을 세우는 '창의적 해석'과, 그 속에서 예기치 않게 튀어 오르는 '창발적 직관'이 동시에 작동할 것이다. 또 거기에는 인생의 역정이 겪은 희로애락의 개인적인 체험이 관여할 수도 있을 것이다.

심지어 해석이 난해하여 감정 단독으로 처리가 어려울 땐, 잠시 판단을 유보하고 '이성'에게 어떻게 해석할지를 물어보기도 할 것이다. 그렇게 학습된 선입관은, 훗날 같은 음악을 들을 때 더 빠르고 극적인 해석을 내놓을지도 모른다. 과연 그것이 전부일까? 우리는 아직 뇌가 펼치는 이 마법 같은 협업의 끝을 다 알지는 못한다.

음악 감정의 기원

한편, 음악심리학의 거장 '레너드 마이어(Leonard Meyer)'가 통찰했듯, 음악적 감동은 논리적 기대(Expectation)가 작곡가의 의도에 의해 지연(Delay)되거나 저지될 때 비로소 발생한다고 하였다. 더 나아가 마이어는 '정보 과부하(Information Overload)'의 미학을 이야기한다. 때로는 음악의 논리가 뇌가 예측할 수 있는 범위를 넘어서는 극도의 복잡성으로 치달을 때가 있다. 이때 우리의 뇌는 치열하게 수행하던 논리적 계산을 일순간 멈추고 일종의 '인지적 항복(Cognitive Surrender)'을 선언한다. 이건 앞서서 신경과학자 로버트 자토르(Robert Zatorre) 연구팀 이야기와도 궤를 같이 한다.

(여기서 그 이야기를 한 번 더 진행하려 한다. 또 다른 관점으로 언급하는 것은 그만큼 생소하지만, 중요한 내용이라서 그러하다.)

감정이 해석을 이어갈 때, "이건 내 계산 범위를 넘었어!"라고 뇌가 두 손을 드는 순간, 그 막대한 정보량은 해석의 대상을 넘어 순수한 '경이로움(Awe)'이라는 감정의 해일로 덮쳐온다. 왜일까? 생존의 관점에서 볼 때, 결론 없는 고민(논리)을 너무 길게 붙들고 있는 것은, 감정에는 '위험신호'이기 때문이다. 앞서 감정은 생명의 수호천사로 빠른 결단을 내리지 않으면, 위험한 상황을 초래할 수 있어 그러한 것이었다.

그래서 뇌는 계산이 불가능한 압도적 상황을 마주하면, 차라리 논리의

2부 소리의 철학

진행을 중단하고 '숭고한 굴복'을 선택한다. 상상해 보건대, 감정은 "이건 내가 해결하기에 불가능한 고도의 논리인가 보군! 그냥 자아 몰래 최고의 희열로 덮어버려야겠어." 하며 감정은 즉시 도파민을 뿌려대고, 자아는 이런 감정의 '허세'를 전혀 눈치채지 못한 채 그 신비로운 쾌락 속으로 빠져들지 모른다. 때로는 낭만은, 논리적 흐름이 완결되어 터지는 폭발이기도 하지만, 생존을 위해 논리가 극한에서 비상 탈출하며 내지르는 '억지 안도의 탄성'이기도 한 것이다.

하지만 그 '착각'이야말로 진정한 예술이 가진 위대한 권능이다. 왜냐하면, 자아가 모든 논리적 인과관계를 차갑게 꿰뚫어만 본다면, '경이로움'이 설 자리는 없을 것이다. 경이로움이란, 알 듯 말 듯이 실체가 가물가물하기에 느껴지는 신비로움이요, 허상이니, 이것이 뇌가 우리를 보호하려고 선물한 '가장 아름다운 거짓말'일지도 모른다.

좀 더 깊이 들어가 보면, 우리가 느끼는 극한의 신비감은 필연적으로 이 '숭고한 굴복'에서 비롯된 듯하다. 감정이 치열한 논리의 끈을 놓지 않고 해석을 극한까지 밀어붙이다가, 뇌의 인지적 타이머가 한계점에 다다르는 순간, 못내 아쉬운 듯 탄성을 내지른다.

그런데, 그렇게 해서 논리가 깨어진 것을, 논리가 박살 나듯 제멋대로 부서졌다고 생각하면 큰 오해다. 작곡가들이 엄청난 파격을 만들어내려

음악 감정의 기원

고 곡의 전개를 갑자기 뒤집어 버리는 것도 논리적 판단이다. '감정'이 피로하지 않도록 밀고 당기는 치밀한 논리를 앞세워 한치도 뒤틀림 없는 고도의 논리를 차근차근 쌓아야만 한다. 섣부른 논리는 아주 작은 실수 하나로도 유치해지기 쉬우니, 낭만파 음악이 얼마나 치열한 논리를 발전시켜 왔는지, 어쩌면 작곡가들만이 아는 고충일 것이다.

말러의 교향곡 또한 마찬가지다. 지루할 정도로 집요하게 반복되는 치밀한 논리는, 주제가 갑자기 전조(Modulation, 轉調)되며 비약할 때, 우리는 가슴이 철렁 내려앉는 충격을 받는다. 그 순간에는, 치밀한 논리가 마침내 완성되어 터지는 '승리의 축포'인지, 아니면 감당할 수 없는 논리의 중압감을 견디다 못해 터져 나오는 '절규의 포기'인지, 청자는 섣불리 단정할 수 없다.

그것은 말러의 음악이 그런 변화무쌍함을 치밀하게 만들어내었기에 가능해진 사건이었다. 그러니 음악의 맞은편에서 소리를 받아낸 청중의 마음속에서 논리적 사고를 치밀하게 이어가다 만들어진 신비경은, 작곡가의 의도가 성공적이었음을 증명하는 것이다.

나아가서 이런 상상도 해보았다. 만약 인공지능(AI)이 끝도 없이 치밀한 논리를 쌓아 올린다면, 언젠가 그들도 그 논리의 정점에서 인간처럼 '영혼'이라 부를 만한 낭만의 감정을 획득하게 되지 않을까 하고 말이다.

과학철학에서는 이를 '창발성(Emergence)'이라 부른다. 물 분자 하나에는 '축축함'이라는 성질이 없지만, 수억 개의 물 분자가 모이면 비로소 '물'이라는 새로운 속성이 나타나듯, 논리가 임계점을 넘어설 정도로 고도화되면 그 상위 단계에서 '영혼'이나 '낭만' 같은 전혀 새로운 존재가 드러나지는 않을까? (아직은 재밌거리로 넘기자.)

결국 낭만은, 논리가 그 임무를 수행하며 터져 나오는 뇌의 창발적 탄성(歎聲)이자, 척박한 절벽 끝에서 터뜨리는 결실의 꽃과도 같다. 그러므로 음악이 주는 벅찬 감동 또한, '치열한 예측 알고리즘'이 뒷받침된 필연적 결과였음을 알게 되었다.

사실, 권위 있는 브리태니커 백과사전조차 낭만주의(Romanticism)를 '합리성과 이성(Rationality)에 대한 거부'라고 규정하며, 감정을 이성의 정반대 편에 세우곤 한다. 이러한 이분법적 통념 때문일까? 세상은 흔히 'Romance'를 이성이 마비된 남녀 간의 달콤한 '사랑 이야기' 정도로 축소해 버렸다.

이것을 뒤집는 증거가 있다. 우리가 흔히 말하는 '낭만파 음악(Romantic Music)'을 보라. 정갈한 고전음악에 비해, 낭만파 음악은 훨씬 더 예측 불가능한 복잡한 알고리즘을 가지고 있다.

음악 감정의 기원

그 복잡성을 해석하기 위해 뇌는 가능한 한 모든 논리 회로를 가동해야 한다. 그러다 마침내 감당할 수 없는 정보의 홍수 속에서 논리가 하얗게 타버리며 항복을 선언하는 '숭고한 굴복'을 택할 수도 있다. 역설적으로, 가장 감성적이라 불리는 'Romantic'은 작곡가들에게도, 청중들에게도, 뇌가 감당해야 할 논리의 밀도가 가장 처절한 음악이었던 셈이다.

그러한 오해란, '고전음악'의 논리를 더욱 진전하여, 논리가 부서져 내릴 정도로 고도화한 '낭만파 음악'의 신경질적인 감정의 탄성을, 오직 표면의 현상으로만 보고는, 논리의 반대 상황으로 크게 오해한 것이었다.

낭만을 무엇으로 정의하든 그것이 몸속의 반응이라면, 논리의 사유와 생체 자원의 배분이라는 범주를 벗어날 수 없다. 가장 뜨거운 감정조차도, 가장 차가운 생명의 필연성 위에서 춤출 수밖에 없기 때문이다.

그러하니, 이제 이 책은 수백 년간 이어져 온 그 통념의 껍질을 벗겨내려 한다. 우리는 낭만의 숨겨진 본질, 즉 치열한 인과율의 끝에 닿아 있는 그 실체를 포착하여, 이를 'Logic-Bloom (논리의 개화)'라는 새로운 이름으로 'Romance'를 다시 정의할 것이다.

많은 논란을 불러올 것이기에, 참고할 만한 문헌들을 여기에 나열하였다. 구체적인 사안은 AI 검색으로 쉽게 찾을 수 있을 것이다.

* 예측 오차와 쾌감(Prediction Error & Reward): "논리가 예상 밖으로 비틀릴 때 감정이 폭발한다"라는 것은 뇌과학의 '도파민 보상 예측 오차(Reward Prediction Error)' 이론과 일치한다. 뇌는 뻔한 전개보다, 예상을 빗나가는 '좋은 깜짝임(Surprise)'에 더 큰 쾌감을 느끼게 한다.

* 이중 처리 이론(Dual Process Theory): 감정(직관, 시스템 1)과 이성(숙고, 시스템 2)의 협력 관계를 언급한 부분은 인지심리학의 정설이다. 음악감상 시 초기 반응은 변연계(감정)가, 이후 구조적 해석은 전전두엽(이성)이 담당하며 상호작용한다.

* 정서적 전염(Emotional Contagion): "행진곡을 들으며 감정을 공유한다"라는 설명은 거울신경세포(Mirror Neurons)를 통한 정서적 동기화 현상이다. 음악은 집단의 뇌파를 동조시켜(Neural Synchrony) 강력한 유대감을 만든다.

* 기대의 지연과 도파민의 축적 (인지심리학과 신경과학): 말러가 지루할 정도로 집요하게 전개하는 '치밀한 논리'는 청자의 뇌 속에 강력한 '예측의 틀'을 세운다.

* 레너드 마이어(Leonard B. Meyer)의 기대 이론(Theory of Expectation): 마이어는 음악적 감정이란 '청자의 기대가 지연되거나 방해받을 때' 발생한다고 보았다. 집요하게 반복되는 논리는 "다음에도 이 패턴이 이어지겠지"라는 확고한 기대를 구축한다. 전조는 이 거대한 기대를 일순간에 무너뜨리며, 억눌렸던 감정을 폭발시키는 심리적 방아쇠 역할을 한다.

음악 감정의 기원

* 발로리 살림푸어(Valorie Salimpoor)와 로버트 자토레(Robert Zatorre)의 뇌 보상 회로 연구: 이 심리적 현상은 뇌과학으로 정확히 변주된다. 이들의 연구에 따르면, 치밀한 논리가 전개되며 다음 음을 예측할 때 뇌의 꼬리핵(Caudate)에서는 도파민이 서서히 축적되며 극도의 긴장감을 만들어낸다. 그리고 예상을 뒤엎는 급격한 전조가 터지는 절정의 순간, 측좌핵(Nucleus accumbens)에서 도파민이 폭발적으로 분비된다. 가슴이 철렁 내려앉는 '전율(Chills)'의 정체는 바로 이 신경학적 쾌락과 충격의 교차점에 있다.

* 구문론적 충격과 뇌의 인지적 과부하 (신경언어학): 주제를 뇌의 언어 처리 영역으로 옮겨보자. '전조'는 단순한 소리의 변화가 아니라, 뇌가 해석해야 하는 거대한 서사의 반전이다.

* 아니루드 파텔(Aniruddh Patel)의 SSIRH (공유 구문 통합 자원 가설): 파텔은 뇌가 음악의 화성적 흐름을 언어의 문법을 처리하는 곳(브로카 영역 등)과 동일한 신경망에서 처리한다고 주장한다. 즉, 뇌에게 급격한 전조는 잘 읽히던 문장의 '문법적 파괴'이자, 믿었던 서사의 '충격적인 반전'이다. 뇌는 이 갑작스러운 논리의 비약을 해석하기 위해 순간적으로 인지적 과부하를 겪으며, 이것이 우리가 느끼는 압도적인 숭고함이나 아득함으로 치환되는 것이다.

* 생존 기제의 혼란, 축포인가 절규인가 (진화심리학): 가장 깊은 사유의 변주다. 왜 우리는 그 순간이 '승리의 축포'인지 '절규의 포기'인지 섣불리 단정하지 못하고 길을 잃는 것일까?

237

* 데이비드 휴런(David Huron)의 ITPRA 이론: 진화심리학적 관점에서 인간의 뇌는 생존을 위해 항상 다음 상황을 '예측(Prediction)'하도록 설계되었다. 말러의 논리가 예측 가능성을 극한으로 끌어올리다가 전조를 통해 철저히 배반할 때, 뇌의 예측 시스템은 순간적인 오류 상태에 빠진다. (놀람 반응, Surprise). 이때 뇌는 두 가지 엇갈린 감정 평가(Appraisal)를 동시에 내린다. 이 거대한 소리의 변화를 새로운 질서로의 도약으로 해석하면 '승리의 쾌감(축포)'이 되고, 기존에 쌓아온 논리적 예측이 붕괴된 것에 대한 상실감으로 해석하면 '압도당하는 무력감(절규)'이 된다. 말러의 전조는 이 두 가지 상반된 신경학적 반응을 찰나의 순간에 동시에 폭발시키기 때문에, 청자는 미어지는 듯한 묘한 감정에 휩싸이게 된다.

음악 감정의 기원

Prelude: '예언자'의 재림

등장인물   알무스타파 (예언자): 지혜를 꿰뚫어 보는 자.

알미트라 (예언녀): 진리를 탐구하는 자.

배경   오르팔레즈 성 밖, 험준하고 높은 산의 정상.

거친 숨을 몰아쉬며 마침내 정상에 선 두 사람.

(알무스타파가 발 아래 펼쳐진 광활한 대지와 바다를 굽어보며, 갑자기

두 팔을 벌리고 흉간 깊은 곳에서 끌어올린 크고 원초적인 소리로 크게

외친다.)

알무스타파   야호! 오, 생명이여!

알미트라   (깜짝 놀라며 눈을 동그랗게 뜨고) 오, 깨어있는

자시여. 어찌하여 이 장엄하고 고요한 정상

에서 침묵을 깨고 날것의 소리를 내지르시나

2부 소리의 철학

이까? 우리에게 주어진 이 훌륭한 신피질의 이성으로, 성취의 기쁨을 내면의 고요한 언어로 음미하면 되지 않사옵니까?

알무스타파 알미트라여, 나의 이 탄성은 침묵을 부수는 소음이 아니라네. 이것은 나라는 생명체가 방금 지나온 고된 발걸음에 대해 상을 주려는, 가장 순수하고 즉각적인 '자체 평가'의 메아리라네.

알미트라 (진지하게 눈가에 힘을 주며) 자체 평가라 하심은, 그저 끓어오르는 감정의 부산물이 아니란 말씀인지요?

알무스타파 그렇다네. 그대의 정교한 대뇌피질(이성)이 등반의 가치를 느릿느릿 계산하기도 전에, 내 안의 변연계(감정)가 거대한 직관으로 온몸에 각인시키는 중이라네. '이곳은 도달할 가치가 있는 훌륭한 곳이다!'라고 말이야. 내가 방금 내뱉은 탄성은, 훗날 우리가 또 다른 산맥을 마주했을 때 더 지혜롭고 신중한 걸음

음악 감정의 기원

을 내딛게 해주는 '경험의 축적'이자 생존의
나침반인 셈이지.

알미트라 오…. 그렇다면 우리가 무심코 터뜨리는 웃
음, 분노, 심지어 눈물조차도 목적 없이 흩어
지는 것이 아니었군요.

알무스타파 물론이라네. 보라, 나의 '야호!' 하는 외침
이 저 아래 산허리를 오르는 이들에게 닿으
면 어떻게 되겠는가? 그들의 마음속 거울이
진동하며, 나의 안전함과 환희를 즉각적으로
공유하게 될 것이네. 원활한 사회적 감정의
공유, 그것이 우리가 가혹한 자연 속에서 서
로를 묶고 살아남은 방식이었다네. 그러니 알
미트라여, 우리가 쉼 없이 내뱉는 탄성을 결
코 가벼이 여기지 말라.

알미트라 (이제야 알았다는 듯) 그 낭만의 탄성 속에, 생
존을 위한 최적의 행동을 이끌려는 명확한
목적이 숨어 있었군요!

알무스타파   바로 그것이라네. 이 원초적인 탄성을 긍정적
            인 마음으로 품고 올바르게 세상에 내어놓
            을 때, 우리의 신경망은 빛나는 길을 내고, 결
            국 우리는 훌륭한 인성이라는 아름다운 열매
            를 맺게 되는 것이지. 자, 알미트라여. 그대도
            이 생명의 계략에 몸을 맡기고, 훌륭한 인성
            을 향해 소리쳐 보지 않겠는가?

알미트라   (환하게 미소 지으며, 두 손 모아 외친다) 야호.

음악 감정의 기원

낭만(Romance)의 본질:
낭만의 '탄성'을 묻다

그런데, 문득 궁극적인 질문 하나가 떠오른다.

우리는 왜 산 정상에 오르면 약속이라도 한 듯 "야호!" 하고 외치는 걸까? 도대체 그 낭만적인 '탄성'은 왜 하필 행동이 끝난 뒤에 터져 나오는 것일까? 아니면, 산에 오르는 도중에 하산하며 "이 정도면 충분해 많이도 올라왔네!" 하며 안도의 탄성을 내지를 수도 있다.

이 밑도 끝도 없어 보이는 감탄의 쓸모는 과연 무엇일까. 생명은 절대로 쓸데없는 데 자원을 낭비하지 않는다. 이 대원칙을 상기해 본다면, 거기에는 반드시 중대한 이유가 숨어 있을 것이다.

가만히 들여다보자. 감탄사, 웃음, 분노, 짜증, 욕설, 그리고 눈물까지…. 우리가 쏟아내는 이 모든 감정의 파편은 결코 허공에 흩어지는 무의미한 소음이 아니다. 그것은 생명체가 방금 자신이 수행한 행동에 대해 내리는 가장 즉각적이고 직관적인 '자체 평가'이자, 낭만의 옷을 입고 발현되는 생존의 외침이다. 때론, 그 외침이 동료를 불러내는 구조의 외침일 수도 있었다.

이 찰나의 탄성들은 수없이 반복되고 학습되어 뇌의 가장 깊은 곳에 아로새겨진다. 이는 훗날 더 신중하고 유리한 선택을 하도록 이끄는 거대한 '경험의 축적'이 되며, 때로는 타인과 원활하게 감정을 동기화시키는 가장 강력한 '사회적 공유의 수단'으로 작동한다.

그러니 명심해야 한다. 무의식중에 쉼 없이 내뱉는 그 짧은 탄성을 결코 가벼이 여겨서는 안 된다는 것을. 이 원초적인 탄성을 긍정적인 자신감으로 올바르게 행사할 때, 그것은 신경망을 타고 튼튼하게 자라나 결국 한 사람의 훌륭하고 단단한 '인성'으로 완성된다.

결국, 낭만의 탄성은 아무런 목적 없이 터져 나오는 감정의 부산물이 아니었다. 그것은 혹독한 세계 속에서 사회적 기능을 유지하고 살아남기 위해, 생명체가 최적의 행동을 모색하려고 창안해 낸, 가장 치열하고 명확한 '논리의 알고리즘'이었던 것이다.

이것을 인생의 긴 여정으로 확대해 보면 어떠할까?

자주 화를 내거나, 욕을 하거나, 부정적인 심경을 자주 토론하는 삶은 부정적인 세계관을 만들게 된다. 반대로 즐거운 감탄이나, 자아를 부추

음악 감정의 기원

기는 칭찬은 긍정적인 인생관을 만들어낸다. 이 모든 것은, 감정의 숨겨
진 계략이 만들어낸 되돌림(Feed-back)의 생리가, 한 사람의 인생을 결정
하는 단 하나의 통로라서 그러하다.

그렇다면, 여기서 또 다른 의문이 꼬리를 문다.

음악을 감상하고 난 다음, 아니 음악처럼 소리의 전개에 따라 연속적
으로 터져 나오는 감동의 탄성은 과연 어떠할까?

그 음악을 평생 하루의 일상처럼 수도 없이 즐겨왔다면, 그 음악적 감
동의 총량은 우리 인생에 과연 어떤 변화를 불러오게 될까?

나도 모르는 사이에 무슨 변화가….

*** 다마지오의 '신체 표지 가설'과 낭만의 탄성

안토니오 다마지오(Antonio Damasio)는 뇌과학계의 오랜 패러다임이었던 "감정은 이성
적 판단을 방해한다"라는 편견을 깨고, "감정이야말로 생존과 직결된 가장 빠르고 합리
적인 의사결정 시스템"임을 증명했다. 그의 '신체 표지 가설(Somatic Marker Hypothesis)'은
앞서 제기한 '탄성의 메커니즘'을 완벽하게 뒷받침한다.

1. 행동 직후의 '자체 평가' : 신체 표지(Somatic Marker)의 생성

다마지오에 따르면, 생명체가 어떤 행동을 하고 나면 뇌의 변연계는 신체적 반응(심장 박동 변화, 호흡, 땀, 그리고 탄성 등)을 통해 그 행동의 결과에 '긍정' 혹은 '부정'의 감정적 꼬리표(Marker)를 붙인다.

산 정상에 올라 "야호!" 하고 외치는 낭만의 탄성은 단순한 감정적 흥분이 아니다. 이것은 방금 완수한 '등반'이라는 고된 행동이 생존에 유리하고 가치 있는 일이었음을 뇌가 스스로 평가하고, 온몸에 긍정적인 '신체 표지'를 찍어 넘기는 가장 확실한 자체 평가 과정이다.

2. 경험의 축적 : 신피질의 1차원적 속도를 뛰어넘는 직관

이렇게 행동 뒤에 발현된 '감정적 탄성(신체 표지)'들은 복내측 전전두엽(VMPFC)이라는 뇌 부위에 데이터베이스처럼 차곡차곡 축적된다. 이것이 바로 경험의 축적이다.

훗날 비슷한 상황(새로운 도전이나 위기)을 마주했을 때, 우리의 신피질이 논리적 언어의 선(1D)으로 득실을 느릿느릿 계산하기 전에 축적된 신체 표지가 먼저 작동한다. 과거에 "야호!" 했던 긍정적 기억을 직관적으로 떠올리게 하여, 더 신중하고 유리한 행동을 순식간에 유도해 내는 생존의 지름길 역할을 하는 것이다.

3. 올바른 탄성과 '훌륭한 인성'의 상관관계

다마지오의 이론은 긍정적인 감정의 표출이 어떻게 한 사람의 '인성'으로 굳어지는지도 설명해 준다.

감정적 경험(탄성)이 뇌에 긍정적인 신체 표지를 남기는 과정이 수도 없이 반복되면,

음악 감정의 기원

뇌의 신경망 자체가 그것에 맞게 최적화된다. 즉, 긍정적 마음가짐으로 올바른 감정을 표출하는 습관은 합리적이고 이타적인 의사결정 회로를 물리적으로 강화하며, 이 튼튼해진 의사결정 회로가 겉으로 드러난 결과물이 바로 사회적으로 성숙한 '훌륭한 인성'인 셈이다.

결론적으로 다마지오의 뇌과학은 우리의 탄성이 맹목적인 감정이 아니라, 가장 빠르고 정확하게 다음 행동을 설계하려는 '극한 논리의 알고리즘' 그 자체임을 명확히 증명한다.

Prelude

거대한 주제 앞에서 잠시 발걸음을 멈추었다.

촘촘하게 논리를 엮어가던 중 갑자기 깨달음이 왔다.

'아, 감정도 이성도 결국은 모두 논리였구나!' 생존이라는 치열한 과제를 수행하는 데 논리만큼 효율적인 도구가 없다는 사실을 마주한 순간이었다. 그건 생명이 자원을 극한으로 아껴 쓰는 존재이기에 당연한 선택이었을 것이다. 하지만 이 거창한 발견 앞에 다른 오류는 없었는지, 나는 숨을 고르며 다시금 걸어온 길을 되돌아보았다.

음악 감정의 기원

감정의 발현에 영향을 주는 이성의 인과성

그런데, 감정이라는 이 초고속 논리에도 한계는 있다. 속도가 빠른 만큼 시야는 좁다. '지금 당장'의 생존에 집착하느라 거시적 맥락을 놓치고, 순간적인 분노로 인해 소중한 관계를 그르치기도 한다. 이에 인간의 뇌는 '이성'이라는 훌륭한 속도 조절 장치를 도입했다.

엄밀히 말해, 감정과 이성은 본질이 다른 존재가 아니었다.

감정이 찰나의 순간에, 기억 속에 흩어진 소리의 파편들을 불러와 0.1초 단위로 빠르게 직조(Weaving)하는 생존의 미시적 논리(Micro-logic)라면, 이성은 애초부터 파편화되지 않은 온전한 서술형 정보를 축조(Building)하는 거시적 논리(Macro-logic)일 뿐이다.

즉, 그 둘의 차이란 오직 그 쓰임새의 용도에 따라 갈라질 뿐이다.

하나는 절박한 생존의 시간을 위해, 하나는 넉넉하게 안전한 공간에서의 치밀한 사유를 가능하게 만드는 용도의 차이 말이다.

다시 말해, 생존을 위해 찰나의 판단으로 '압축된 정보'를 직관적으로 사용할 것인지, 아니면 더 치밀한 논리를 위해 '서술형의 방대한 정보'를 풀어서 사용할 것인지의 선택만이 있을 뿐이다.

컴퓨터 용어를 빌리자면, 그것은 마치 CPU 바로 옆에서 초고속으로 데이터를 처리하는 '캐시 메모리(Cache Memory)'와, 방대한 정보를 저장해 둔 '하드디스크(Hard Disk)'의 차이와도 같다. 결국 감정과 이성은 논리를 사용하는 이질감 없는 형제 사이였던 것이다.

실제로 뇌의 진화사를 들여다보면, 감정은 대뇌변연계의 태곳적부터의 큰형님이고, 이성은 대뇌피질의 진화적 산물인 막둥이인 셈이다. 그래서일까. 위기의 상황에서는 감정이 이성의 개입을 일방적으로 차단하며, 생명의 우선권이 큰형님에게 있음을 증명한다.

이제부터는, 음악을 듣는 과정에서 때로는 이성(Reason, 理性)의 개입이 감정에 긍정적인 영향을 미치는 경우를 살펴보자. 가끔은 미궁에 빠진 감정의 해석을 이성이 각성의 신호를 주어 좀 더 합리적 판단을 유도하는 경우다. 이는 현대 인지과학의 '하향식 처리(Top-down Processing)' 개

음악 감정의 기원

넘과도 맥락을 같이한다.

가령, 드라이아이스 같은 지나치게 차가운 고체를 만지면, 오히려 뜨거운 신호로 오인하는 경우다. 이럴 때 눈으로 확인한 드라이아이스가 실제로는 차가운 고체라는 자각을 기반으로, "이건 잘못된 신호야, 차가운 느낌이 진짜야"라고 뒤늦게 바로 잡는 경우다. 즉 생체신호의 오류를, 각성한 이성이 주도하여 수정하는 경우다. 이런 감각 오류를 살아가면서 많이 경험하게 된다.

두 번째는, 사회적 인과관계에서 나오는 이성의 제동이다.

직장의 대인관계에서 감정은 울분을 토하는 신호를 보내는데, 이성이 "아니야 네가 여기서 화를 내면 너만 불리해, 그러니 반대로 웃어줘!" 이런 신호를 보내면 감정은 자기주장을 억누르고 울분을 참아내는 노력을 해야만 한다.

이런 이성의 간섭에 감정은 어린아이와 같이 순종하다가도, 너무 깊이 개입하여 계속 딴지를 걸면, 감정은 자신의 능력 부족을 한탄하며 서서히 망가져 갈 수도 있다. 이것이 바로 '감정 소진(Burnout)'이나 우울증이다. 이건 결코 농담이 아니다.

세 번째는, 클래식을 감상하던 중에 그 음악의 작곡 내력을 글로 접한 후, 나(Ego)의 판단이 감정의 발현에 영향을 끼치는 경우다.

  앞서 언급한, 작곡가가 따로 주석을 붙여 놓은 해석을 받아들여 음악을 들을 때 반영하면, 음악 감정의 쏠림현상이 나타나서, 종전의 해석을 달리하게 되는 경우다. 「환상교향곡」을 씩씩한 개선행진곡으로 해석하다, 뒤늦게 비극적 단두대로의 행진으로 동조하는 경우다.

  이것이 음악감상에 영향을 미치는 감정과 이성의 인과성이다.
  좀 더 엄밀하게 말한다면, 감정으로 듣는 음악에 이성의 영향력이 완전하게 없을 수는 없다. 단지 빠른 음악의 해석을 감정이 먼저 주도해야 하는 것이 다를 뿐이다.

  그러나 다행스럽게도, 클래식의 인과성은 한 음악의 다른 해석이 결코 치명적인 오류를 바로잡는 경우가 아니라고 하였다. 단지, 감정의 표면적인 색깔만 바꿀 뿐이다. 그 말은, 인과성의 개입으로 해석할 때 약간의 요동침만 있을 뿐이니, 그것이 '감각의 원형'을 바꾸지는 못한다는 뜻이리라.

음악 감정의 기원

* 하향식 처리(Top-down Processing): 우리의 지각은 감각기관의 정보(Bottom-up)만으로 이루어지지 않는다. 뇌의 고등 영역(전전두엽)이 가진 지식과 기대가 감각 해석에 영향을 미치는데, 이를 '하향식 처리'라 한다. 베를리오즈의 배경지식이 음악의 감상을 바꾸는 것은 전형적인 하향식 처리의 한 예다.

* 정서 조절(Emotional Regulation): 직장에서 화를 참는 것은 전전두엽이 편도체(감정 중추)를 억제(Inhibition)하는 과정이다. "계속 딴지를 걸면 감정이 망가진다"라고 표현한 것은, 만성적인 감정 억제가 '알로스테틱 부하(Allostatic Load, 스트레스 누적)'를 일으켜 신체적/정신적 질병을 유발한다는 의학적 사실과 일치한다.

* 역설적 열감(Paradoxical Heat): 차가운 자극과 뜨거운 자극을 구별하는 신경 섬유의 반응 속도 차이와 뇌의 해석 오류로 인해 발생하는 현상이다. 이 예시는 감각조차도 뇌(이성)의 최종 승인이 필요함을 보여주는 적절한 사례다.

Prelude

마지막 거대한 파도 앞에서 또다시 멈춰 섰다.

'나는 무엇인가?'라는 본질적인 질문이 발목을 잡는다.

실체를 감춘 무의식의 감정 앞에서, 나는 별다른 대책이 없다.

그냥, 기계처럼 속아서 넘어가야만 하는 존재일까?

자아란, 생명 기계에 의존하는 반쪽짜리 영혼에 불과한가?

차라리 이 서글픈 진실을 기쁘게 받아들여야 하나?

"그래 그게 어쨌다는 거야, 그래도 나는 나다."

내 안의 또 다른 나:
감정과 자아의 두 기둥

우리는 흔히 "내가 느낀다"라고 말한다. 나의 슬픔, 나의 기쁨, 나의 전율이라고 믿어 의심치 않는다. 하지만 음악을 듣는 그 찰나의 순간을 신경과학의 현미경으로 들여다보면, 그곳에는 '나(자아)'라는 의식이 깨어나기도 전에 먼저 반응하고 움직이는 존재가 서 있다.

그는 나의 의지보다 빠르고, 나의 이성보다 강력하다.
바로 내 안에서 동거하고 있는 또 다른 나다.
아기 때부터 줄곧 나를 지켜보며 먼저 세상에 반응해 온 존재.
그는 바로 '감정'이다.

음악이 시작되자마자 감정은 즉각적으로 활동을 개시한다. 그는 '거울신경원'이라는 정교한 도구와 함께, 편도체와 해마로 이루어진 변연계의

255

오래된 회로를 동원하여 외부에서 쏟아져 들어오는 소리의 정체를 파악하려 애쓴다. 거울신경원은 타인의 행동과 감정을 모방하고 공명하는 장치이며, 변연계는 그 소리가 생명에게 어떤 의미를 갖는지 즉각적으로 평가하는 고대의 감정 장치다.

물리적인 진동에 불과한 소리는 이 감정의 회로를 통과하면서 현실의 생명력과 맞먹는 생생한 형상으로 다시 태어난다. 외부의 소리 파편들은 이 과정에서 인과관계를 새로이 부여받고, 내면의 무대 위에서 살아 있는 드라마로 재구성된다.

이것은 외부 소리를 인과관계가 없는 파편들로 엮어 내면의 서사로 구축하는, 논리성을 잃지 않은 '창의적 조립'의 과정이다. 창의적이라는 말은 단순한 상상이 아니라, 오랜 생존 경험이 농축된 논리가 작동하고 있음을 의미한다. 감정이 이 치열한 조립을 마치는 매 순간순간, 그는 뇌 속에 강력한 신호탄을 쏘아 올린다.

그 신호탄은 실로 압도적이다. 뇌 전체로 퍼져나가는 도파민과 엔도르핀 같은 화학적 폭우, 신경망을 타고 흐르는 찌릿한 전기적 전율, 그리고 마침내 심장을 조여오는 물리적 진동까지 모두 합세한다. 특히 중뇌의 복측피개영역(VTA)에서 시작되어 측좌핵으로 이어지는 뇌의 보상회로가 활성화되면서 도파민이 분출된다. 음악을 들을 때 우리가 느끼는 전율과 감동은 바로 이 고대의 보상 시스템이 작동하고 있다는 생물학적 신호이기도 하다.

이때 비로소 '자아'가 등장한다. 신경과학적으로 말하면 전전두피질이 감정 회로가 만들어낸 거대한 신호를 받아 해석하고 판단하기 시작하는 순간이다. 자아는 감정이 쏘아 올린 이 총체적 신호탄을 마주하여, 그 파동을 받아들일지 결정하는 '선택적 수용자'가 된다.

감정이 신호탄인 이유는, 감정은 무의식의 영역에서 작동하기 때문에 자신이 느낀 감각을 자아에 직접 전달할 수 없기 때문이다. 대신 그는 거대한 생리적 파동을 일으켜 자아에 알린다. 자아는 그 파동을 감지하고, 그것을 의식 속에서 '느낌'이라는 형태로 해석한다.

현대 신경과학에서도 감정(emotion)과 느낌(feeling)을 구분한다. 감정은 뇌와 몸이 자동으로 일으키는 생물학적 반응이고, 느낌은 자아가 그 변화를 의식 속에서 경험하는 단계다.

이 덕분에 감정이 해석한 음악의 정보 과부하, 즉 일종의 '인지적 항복'을 선언하더라도 자아는 그 과정을 완전히 인식하지 못한다. 그래서 우리는 그것을 어떤 깊은 신비를 깨달은 순간처럼 느끼게 된다.

우리가 "음악에 감동했다"라고 말하는 순간, 사실 자아가 스스로 감동을 생산한 것이 아니다. 내 안의 또 다른 나인 '감정'이 치열한 조립 끝에 보낸 승리의 신호에 자아의 신경망과 육체가 격렬하게 흔들린 사건이다.

그러므로 우리는 감정의 정의를 다시 써야 한다. 감정은 자아가 누리는 결과물인 '느낌'의 주체가 아니라, 자아를 움직이게 만드는 근원적인 에너지, 곧 '동기(motivation)'의 생산자다. 자아는 그 동기를 전달받아 그것을 신호탄 삼아 비로소 '느낌'이라는 의식적 경험을 만들어내는 주체자가 된다. 감정이 동기라면, 느낌과 이차적 해석인 이성은 자아가 수행하는 철저한 분업이다.

하지만 이 사건의 끝은 자아의 맹목적인 복종이 아니다. 음악 감동이란 역동적인 감정이 소리의 파편을 창의적으로 조립하여 화학적·전기적·물리적 신호탄을 쏘아 올리자, 자아가 이를 선택적으로 수용하거나 때로는 자신의 판단과 절충하여 공명을 만들어내는 사건이다.

그렇다면 왜 인간은 이토록 철저하게 능동적인 '감정'과 선택적인 '자아'로 분리되어 있을까? 왜 자아가 직접 느끼지 않고 감정을 거쳐야만 하는 이 순차적인 사건의 이동이 필요했을까?

이 기묘한 역할 분담은 오직 생명의 안위를 위해서였다.

자아, 즉 이성은 태어나서 수십 년의 경험과 학습을 거쳐야 비로소 세상의 이치를 이해하는 더디고 미성숙한 존재다. 심지어 노년에 이르기까지도 우리는 여전히 빠른 감정의 판단에 의지하며 살아간다. 만약 찰나의 생존 판단을 어린 자아에 맡겼다면, 생명은 진작 위험에 처했을 것이다.

그래서 생명은 갓 태어난 아기에게조차 '성숙한 감정'을 먼저 선물했다. 이성은 아직 잠들어 있어도, 수만 년의 진화 속에서 단련된 감정의 회로가 먼저 세상을 해석하고 위험과 안전을 판단하도록 만든 것이다.

그 예로서 생명이 위협받는 순간을 생각해 보자. 맹수가 달려오는 순간, 편도체는 시상하부와 뇌간에 긴급 신호를 보내 자율신경계를 즉각 가동시킨다. 심장은 빨라지고 근육에는 아드레날린이 쏟아지며, 자아가 상황을 분석하기도 전에 몸은 이미 도망치기 시작한다. 도망갈 방향과 팔다리의 움직임, 자세의 균형까지도 감정 회로가 먼저 장악한다.

이러한 재빠른 반응 덕분에 우리는 평생 셀 수 없이 많은 위험을 피하며 살아간다. 그 경우의 수는 도저히 계산할 수조차 없다.
이것이 바로 감정이 '큰형님'인 이유다.

그러나 위험이 사라진 일상의 세계에서 감정은 독재자가 되지 않는다. 감정은 동기를 생산하고, 자아는 그 동기를 심사하고 조율하여 하나의 경험으로 완성한다. 두 존재는 서로 경쟁하는 적이 아니라, 생명을 유지하기 위해 협력하는 형제다.

한편으로는, 딱딱한 과학적 사실만이 전부는 아닐지도 모른다는 생각이 들 때가 있다. 마음을 가다듬고 조용히 깊은 명상에 잠기다 보면, 때로는 아주 미미한 의식의 손길이 스쳐 지나가는 것을 느낄 때가 있다. 그 흐름 속에는 자아만이 아닌, 누군가 묵묵히 지켜보는 제삼자의 속삭임이 있는 듯한 느낌이 들 때가 있다.

어쩌면 감정과 자아는 우리가 아직 해독하지 못한 그들만의 은밀한 언어나 신호로 최소한의 '감정적 서사'를 주고받고 있는지도 모른다. 겉으로 드러나지 않을 뿐이다.

왜냐하면 단순한 신경전달물질의 화학 작용만으로 인간이 느끼는 이토록 섬세하고 다양한 감동의 결을 모두 설명하기는 쉽지 않기 때문이다. 수십억 개의 뉴런이 서로 얽혀 있는 뇌에서는 때때로 그 구성 요소를 넘어서는 새로운 성질이 나타난다.

생명은 우리가 상상조차 못 할 은밀한 장치들을 아직도 뇌의 어딘가에 숨겨 두고 있을지도 모른다. 우리가 알고 있는 것보다, 아직 모르는 것이 훨씬 더 많기 때문이다.

음악 감정의 기원

감정의 역할을 좀 더 설명하자면, 생명이 가장 아름다운 균형(항상성)을 유지하고, 타인과 공명하며(사회성), 최소한의 에너지로 최대의 결정을 내리게(경제성) 돕는 '생명 운영 시스템'의 핵심 엔진이라는 사실도 함께 부연한다.

그러므로 우리는 이 모든 현상을 섣불리 단정 짓기보다, 더욱 '경이로움'으로 바라보자. 현미경을 들여다보듯 무언가를 더 찾아내야 한다. 그래야만, 생명이 숨겨놓은 미지의 진실을 놓치는 우를 범하지 않을 테니 말이다.

* 과학적 사실: 인간의 뇌에서 감정을 담당하는 부위(변연계)는 태어날 때 이미 거의 완성되어 있다. 반면, 이성과 자아를 담당하는 전두엽은 20대 중반이 되어야 완전히 성숙한다.

* Low Road vs. High Road: 외부 자극(음악)이 들어오면 뇌는 두 갈래 길로 정보를 보낸다. 자아가 "이 음악은 단조네?"라고 분석하기도 전에, 감정은 이미 눈물을 쏟게 만든다.

2부 소리의 철학

감정은 생존을 위해 0.01초라도 먼저 반응하도록 설계되어 있다. 즉, 감정은 항상 사건을 선점하고, 자아는 뒤늦게 도착하여 상황을 파악하는 후발대이다.

1. 지름길 (Low Road): 귀 → 시상 → 편도체(감정) (아주 빠름, 무의식의 감정)

2. 우회로 (High Road): 귀 → 시상 → 대뇌피질(이성) (분석하느라 느림, 자아)

* 정서(Emotion) vs 느낌(Feeling): 세계적인 뇌과학자 안토니오 다마지오(Antonio Damasio)는 정서를 뇌와 몸이 외부 자극에 반응하여 일으키는 '신체적/화학적 변화(Action)'로, 느낌(Feeling)을 자아가 그 변화를 지각하는 '정신적 경험(Perception)'으로 엄격히 구분하였다. 감정이 먼저 화학물질(신호탄)을 뿌려 몸을 바꾸고, 자아는 그 바뀐 몸의 상태를 나중에 인지한다는 '순차적 분리' 모델은 뇌과학의 정설이다.

음악 감정의 기원

Prelude

다음의 이야기는 질문의 원점으로 돌아가, 소리의 본질을 전혀 다른 층위에서 바라보았다. 지금까지의 논의가 뇌과학과 진화론을 통한 '치밀한 해부'였다면, 이제부터는 그 뼈대 사이를 인문학적 사유로 채우는 '따뜻한 호흡'의 시간이다. 과학적 상식이 설명하지 못한 미세한 빈틈을 메우고, 음악을 더 입체적으로 조망하기 위해, 이제 '음악의 관념(The Dimension of Musical Idea)'이라는 새로운 차원의 문제로 접근한다.

언어의 일차원성과
소리의 이차원성

복합음악감정(UME)의 개념을 정립했으니, 이제는 아주 근본적인 질문과 마주해 보자. 왜 우리는 클래식을 들으며 끊임없이 "도대체 이게 무슨 뜻이지?"라고 물으며 헤매는 것일까? 그것은 바로 언어와 소리가 서로 다른 차원(Dimension)에 존재하기 때문일 것이다.

언어는 소리의 숲에서 나뭇가지 하나를 골라낸 것과 같다. 뇌가 소리를 '언어'로 인식하는 순간, 소리가 가진 풍성한 모호함은 걸러지고 단일한 의미로 축소된다. 그래서 언어는 '일차원의 선(Line)'이다. 오직 한 가지 방향, 한 가지 뜻만을 명확히 가리키기 위해서다.

(단지, 언어 안에는 은유법이 있기는 하다. 언어와 음악의 중간 다리라고 여겨진다.)

반대로 음악은 다르다. 소리는 우리 마음속에서 다층의 감정을 동시에 울린다. 태곳적 조상들은 소리 하나에서 바람의 방향, 맹수의 기분, 다가올 날씨까지 읽어냈다. 하나의 소리 속에는 수십 가지 감정이 얽혀 있고, 그 조합이 동시다발로 또 다른 감정을 낳는다.

언어가 단일한 선이라면, 음악은 수십 가닥의 선들이 겹겹이 포개진 '이차원의 면(Plane)'이다. 음악 감정이란, 이 넓은 면 위에서 자유로이 곡선 여행을 하기도 하고, 선 다발에 의한 동시성의 기적도 일어난다.

언어로는 "나는 지금 슬프지만 행복하다"라고 말하면 모순처럼 들린다. 하지만 음악은 가능하다. 단조의 비장한 멜로디(슬픔) 위에 장조의 화려한 화음(환희)을 얹으면, 우리는 '슬프면서도 벅차오르는' 복합적인 감정을 동시에 느낀다. 그것이 아니라도, 악기의 소리 고유의 음색은 이미 형용하기 어려운 풍부한 '복합음악감정'을 가지고 있다. 그 소리를 듣노라면, 그 감흥을 어찌 한가지 단어로만 표현할까?

이것이 바로 차원의 승화다. 슈베르트가 「송어」라는 시(Poem)를 음악으로 옮겼을 때 가사의 구체적인 의미는 사라지지만, 그 대신 물살의 차가움, 생명의 약동, 낚시꾼의 긴장감이 동시에 폭발하며 이차원의 감동으로 확장된다. 이것은 물리적인 변환이 아닌, 생명이 축적해 놓은 경험의 누적이 만든 '생리적 무의식의 변환'이다.

그런데, 현대인들은 언어의 명확성에 중독되어 있다. 그래서 구체적인

2부 소리의 철학

지시자가 없으면 음악을 이해하지 못한다고 불안해한다. 이것이 클래식을 어렵게 만든 주범이다. 이것 때문에 표제음악을 부랴부랴 만들었다가 또다시 원점으로 회귀한 역사적 사건도 있었다.

하지만 반문해 보자.

언어의 구체성은 감정을 하나로 축소하지만, 클래식의 모호성은 오히려 감정을 다양하게 증폭시키지 않는가?

클래식은 슬픔 속에 희망을, 애틋함 속에 농담을 동시에 담아내는 감정의 파노라마다. 빨강과 파랑이 섞여 보라색이 되듯, 여러 감정이 겹쳐 말로는 형용할 수 없는 제삼 제사의 감정을 만들어낸다.

그러니 클래식 속에서 단순한 스토리텔링(언어)을 찾으려 애쓰지 말자. 그것은 거대한 아름드리 통나무를 깎아내어 고작 이쑤시개 하나를 만들려는 어리석음과 같다. 우리는 그 통나무 숲에 들어가 그저 감정의 산림욕을 넉넉히 즐기면 되는 것이다.

이런 복합적인 감정의 능력은 태곳적부터 인류가 생태계를 감시하며 습득한 생존 그 자체의 기술이다. 인류는 언어보다 훨씬 앞서, 소리가 지닌 다중 감정을 감시하며 자연의 메시지를 터득해 왔다. 그 훈련된 본능이 지금의 클래식을 가능케 한 것이다.

　이것이 바로 언어보다 음악이, 말보다 클래식이 우리 뇌의 더 깊은 곳을 건드리는 이유다.

* 언어의 선(Line)과 음악의 면(Plane)

수잔 랭거(Susanne Langer) – 『새로운 조의 철학(Philosophy in a New Key)』

이 책에서 가장 핵심이 되는 "언어는 일차원의 선이고, 음악은 이차원의 면이다"라는 통찰과 완벽하게 맞닿아 있는 철학책이다.

연결점: 랭거는 언어를 선형적이고 순차적인 '추론적 기호(Discursive Symbol)'로, 음악이나 미술을 여러 요소가 동시에 제시되는 '표현적 기호(Presentational Symbol)'로 구분했다. 언어는 한 번에 하나의 단어만 나열할 수 있어 "나는 슬프고 기쁘다"가 모순이 되지만, 음악은 화음과 선율을 통해 상반된 감정을 동시에 버려낼 수 있다는 이 책의 논리를 철학적으로 완벽히 증명해 주는 저서다.

* 의미의 축소와 '말할 수 없는 것'의 폭발

블라디미르 장켈레비치(Vladimir Jankélévitch) – 『음악과 말할 수 없는 것(Music and the Ineffable)』

2부 소리의 철학

"언어의 구체성은 감정을 하나로 축소하지만, 클래식의 모호성은 감정을 다양하게 증폭시킨다"라는 이 책의 주장을 가장 우아하게 뒷받침할 수 있는 책이다.

장켈레비치는 음악에 구체적인 의미(언어적 스토리텔링)를 부여하려는 모든 시도를 비판한다. 그는 음악이 언어보다 열등해서 뜻이 모호한 것이 아니라, 언어가 포착할 수 없는 너무나 방대하고 깊은 차원의 감정을 다루기 때문에 '말할 수 없는 것'이라고 주장한다. 구체적인 지시자가 없어 불안해하는 현대인들에게 던지는 이 책의 일침과 궤를 같이한다.

* 태초의 소리와 다중 감정의 생존술

스티븐 미슨(Steven Mithen) - 『노래하는 네안데르탈인(The Singing Neanderthals)』

"태곳적 조상들은 소리 하나에서 수십 가지 감정을 읽어냈다. 이 복합적인 감정 능력이 생존 기술이었다"라는 이 책의 내용을, 진화인문학적 통찰을 과학과 고고학으로 뒷받침하는 명저다.

고고학자인 미슨은 인류가 분절된 단어를 사용하기 훨씬 이전, '음악적인 동시에 감정적이고 몸짓이 섞인' 전체론적 의사소통 체계(Hmmmmm)를 사용했다고 주장한다. 즉, 인류의 뇌는 원래 언어의 구체성보다 소리의 복합적인 감정(위험, 평온, 연대 등)을 동시에 처리하도록 진화했다는 이 책의 '생리적 무의식의 변환' 이론을 강력하게 지지하는 내용이다.

음악 감정의 기원

이제 결론의 장에 다가왔다.

마음을 움직이는 생명의 장치들은 어떻게 감정을 만들고, 그걸 해석했는지? 이제부터는 마지막 논리의 힘을 앞세워 클래식이 왜 과학적인지, 왜 타에 본보기가 되는 음악인지, 상식(Science)의 관점으로 방점을 찍으려 한다.

클래식의 우월함을 상식(Science)의 현상으로 결론짓다

긴 사유의 여정 끝에 우리는 마침내 도착했다. 이제 우리는 "클래식은 왜 위대한가?"라는 질문 앞에 서 있다. 여기에 대해 "그냥 아름다우니까" 혹은 "교양이 있으니까" 같은 막연한 대답은 이제 거두자. 우리는 앞서 살펴본 뇌과학과 진화론을 근거로, 또 음악의 관념으로, 클래식 음악의 위대함을 명백한 '상식(Science)'의 언어로 선언할 수 있게 되었다. 그 상식은 일반의 상식이 아니라 과학의 상식이다.

우리가 지금까지 나눈 이야기들을 하나의 거대한 지도로 펼쳐보면, 클래식은 단순한 예술을 넘어 인류가 생존을 위해 발명한 '가장 고도화된 정신적 도구'임이 드러난다. 그 흥미진진한 결론을 네 가지의 상식으로 갈무리한다.

1. 생존 기계의 '감정 시뮬레이터'

우리의 뇌는 태생적으로 생존을 위한 기계였다. 원시시대부터 호랑이를 피하고 짝을 찾기 위해 진화한 감정(공포, 사랑, 환희)은 생존을 위한 필수 알고리즘이었다. 그런데 문명의 발달로 천적은 사라졌지만, 사람들끼리 서로를 상처 주는 집단의 사회화로 이어졌다. 이때 그 상처를 달래는 해방구가 바로 음악이었다. 그때부터 음악은 안전한 방 안에서 슬픔과 환희, 공포와 승리를 미리 체험하게 해주는 '감정의 비행 시뮬레이터'가 되었다. 그것이 우리가 음악을 들으며 눈물 흘리는 이유, 즉 '생존 본능의 안전한 해소'였다.

2. 차가운 논리가 빚어낸 '낭만의 반전'

많은 사람이 "클래식은 너무 복잡하고 이해할 수 없어"라고 불평한다. 클래식은 철저히 수학적이고 논리적인 내면이 숨겨진 채 다가왔기 때문이다. 하지만 이제 그 이유를 알게 되었다. 낭만은 막연한 감정이 아니라, 치밀한 논리의 끝에서 터져 나오는 탄성이기 때문이다. 마치 험난한 등산로(논리)를 오른 자만이 정상의 절경(낭만)을 볼 수 있듯, 작곡가들은 음표라는 벽돌로 거대한 논리의 건축물을 쌓았다. 우리 뇌는 그 복잡한 패턴을 예측하고 따라가느라 땀을 뻘뻘 흘리지만, 그 예측이 딱 맞아떨

271

어지거나 혹은 기가 막히게 빗나가는 순간, '도파민'이라는 강력한 쾌락의 폭죽을 터뜨린다. 즉, 클래식은 뇌가 즐길 수 있는 가장 고도화된 퍼즐 게임인 셈이다.

3. '말 없는 악기'들의 위대한 반란

음악사에서 가장 결정적인 순간은 언제였을까? 바로 악기들이 인간의 목소리(가사)를 버리고, '소리 그 자체'로 독립을 선언했을 때다. 이른바 '말 없는 악기들의 반란' 바로 클래식의 등장이었다.

가사가 사라지자 뇌는 비상이 걸렸다. "도대체 이 소리가 무슨 뜻이지?" 정해진 답이 없기에, 우리 뇌는 스스로 이야기를 지어내고, 상상의 나래를 펼쳐야만 했다. 구체적인 언어 대신 추상적인 소리를 해석해야 하는 이 과정은 인간의 사고력을 비약적으로 발전시켰다. 클래식이 지루하다고? 천만에. 그것은 뇌가 "나 지금 엄청나게 상상하고 있어!"라고 보내는 '즐거운 비명'이다.

음악 감정의 기원

4. 미래를 위한 '창의성의 노리개'

이제 결론은 명확하다. 인류가 이 복잡하고 난해한 음악을 500년 넘게 계승해 온 이유는, 이것이 인간을 가장 인간답게, 가장 원초적인 눈물을 흘리게 만들기 때문이다. 그리고 우리를 가장 창의적으로 만들어 주는 '오래된 생각의 도구'이기 때문이다. 무엇보다 클래식은 '순수한 소리의 등장'과 '슬픔의 위로'라는, 태초로부터 시작된 소리의 이상을 가장 흔들림 없이 구현하고 있다.

혹자는 묻는다. 자극적인 현대 시대 음악의 홍수 속에서 클래식이 설 자리가 있느냐고. 하지만 걱정할 필요가 없다. 어떤 장르의 음악이든 시대가 요구하는 '쾌락의 확장'을 거부할 수 없다. 바로 이때, 상상력이 극대화된 클래식은 알게 모르게 다른 장르의 음악들에 영감을 수혈하고 있었다. 그것은 높은 곳의 물이 아래로 흘러 대지를 적시는 것과 같은, 거부할 수 없는 '문화의 중력'이다. 그러니 최후의 승자는 의심할 여지가 없다. 클래식은 시대에 맞춰 조금씩 변화를 모색하며, 문화의 뿌리로서 더 귀한 대접을 받게 될 것이다.

더욱이 현대의 인공지능(AI)이 모든 답을 내려주는 세상에서, '정답이 없는 세계'를 유영하는 능력은 이제 오직 클래식만의 특권이 되어버렸다.

어릴 때부터 클래식이라는 '보이지 않는 세계의 지도'를 읽고 훈련된 아이는, 창의적인 사고력으로 남들이 보지 못하는 것을 보고, 남들이 느끼지 못하는 것을 느낀다. 인공지능이 결코 이 창의력을 뛰어넘지 못하는 이유는 명백하다. AI는 스스로 고뇌하고 경험하는 생명체가 아니라, 단지 빅데이터를 조합해 가장 그럴듯한 답을 내놓는 '확률 기계'에 불과하기 때문이다.

자, 이제 귀를 열고 저 말 없는 악기들이 건네는 수만 가지 이야기에 접속해 보라. 먼 태곳적 어둠 속, 포식자를 피해 숨죽이던 작은 생명의 떨림부터 이어져 온, 수백만 년의 유전적 감정을 어느 날, 클래식은 아주 짧은 시간에 영겁의 역사를 감쪽같이 훔쳐내었다.

생각해 보라. 클래식은 고대로부터의 감정어의 부활이다.

인류의 기나긴 세월은 언어가 아닌 오직 소리로만 생존을 주고받은 장구한 세월이 아니었던가. 바로 그와 똑같이, 클래식은 오직 소리로만 이야기한다. 이것이 바로 당신의 뇌가 진화의 역사를 모두 아우르는 가장 위대한 '상식(Science)의 현장'이다.

연주자와 애호가,
두 감각의 다리 위에서

연주자와 음악 애호가, 같은 선율을 호흡하는 이 두 존재는 과연 같은 곳을 바라보고 있을까? 엄밀히 말해 연주자는 악기의 팽팽한 장력을 온몸으로 견뎌내며 근육을 섬세하게 조율하는, 지극히 현실적인 물질의 세계를 산다. 반면 애호가는 그 처절한 투쟁이 빚어낸 파동을 들이마신 뒤, 자기 내면과 뒤섞어 새롭고 낯선 감정으로 폭발시키는 깊은 내면의 세계에 머문다.

연주자가 악기와 씨름하며 흘린 힘겹고도, 때론 흥겨웠을 땀방울이, 객석에 앉은 이의 뇌리에서 눈부신 감정의 기적으로 치환되는 찰나, 비로소 한 편의 음악이 완성되어 간다.

연주자는 손끝으로 소리의 건축물을 짓는 생산자다. 그들에게 악보 위의 점과 선은 감상 대상이 아니라, 중력과 마찰력을 이겨내고 소리를 빚어내야 할 치열한 도면이다. 그들은 숨을 조절하고, 근육의 긴장을 통제하며, 수백 번의 반복 훈련을 통해 '우연'을 '필연'으로 바꾸는 고독한 싸움을 벌인다. 이 과정에서 감정은 날것 그대로 분출되는 것이 아니라, 철저한 이성에 의해 정제되고 조각된다.

반면, 애호가는 그 건축물 안을 거니는 여행자다. 그들은 연주자가 0.1초의 오차도 없이 쌓아 올린 소리의 기둥 사이를 흐르며, 자신의 기억과 느낌을 투영한다. 연주자가 '완벽한 피치'를 고민할 때, 애호가는 '가슴 시린 떨림'에 반응한다. 때로는 연주자의 치명적인 실수조차 애호가에게는 인간적인 호소력으로 다가오기도 한다. 연주자가 소리를 '만드는' 집중 속에 있다면, 애호가는 소리가 '남기는' 파동 속에 머무는 것이다.

이처럼 무대와 객석 사이에는 보이지 않는 거대한 심연(Abyss)이 존재한다. 한쪽은 소리를 보내고, 한쪽은 받아내지만, 그들이 느끼는 감각의 층위는 서로 다르다. 연주자는 원인(Cause)을 연주하고, 청중은 결과(Effect)를 듣는다. 서로 다른 언어를 쓰는 두 이방인이 한 공간에서 기적처럼 소통하고 있는 셈이다.

분명한 것은, 애호가로서 악기도 연주할 수 있다면 더 특별한 경험을 할 수 있을 거란 확신이다. 평범하게 들렸던 음악이 기계적인 곡의 해석

음악 감정의 기원

으로 더욱 깊이 있는 음악으로 들려왔기 때문이다.

아마 반대의 경우라면, 문학적인 상상력이 음악을 더 깊이 이해하는 데 도움이 되지 않을까?

현실적으로 연주와 감상은 각각 평생을 바쳐도 다다르기 힘든, 서로 다른 외길의 영역이다. 연주자가 애호가의 자유로움을 온전히 가질 수 없고, 애호가가 연주자의 고뇌를 온전히 이해할 수 없는 것은 어쩌면 당연한 일이다. 이 '편향된 시각'은 결함이 아니라, 각자의 위치에서 음악을 지탱하는 두 개의 기둥이다.

그러니 굳이 두 시선을 하나로 억지스럽게 통일할 필요는 없다.

다만, 이 책의 마지막 장을 덮으며 작은 소망 하나를 품어본다.

이 책이 지향했던 '음악의 과학적 사유'라는 공통의 시각으로, 두 이방인이 서로 소통하는 통역의 언어가 만들어지기를 간절히 바라본다.

그리하여, 연주자는 자신의 악기가 왜 타인의 눈물샘을 자극하는지 그 사연(History)을 이해하고, 애호가는 자신을 울린 그 선율 속에 연주자가 녹여낸 인류사의 치열한 농축이 이미 내포되어 있음을 공통의 언어로 공감하기를 바랐던 것이다. 그러면 서로의 되돌림은 연결되는 다리가 되지 않을까?

그 이해와 공감이 만나는 순간, 음악은 단순한 취미나 직업의 범주를 넘어선다. 비록 연주자와 애호가가 서로 다른 출발점에서 시작했을지라도, 결국 '음악의 이상(理想)'이라는 같은 지점에 도착할 거라는 확신이 여기에 있다.

음악 감정의 기원

삶 속에서 만난 긴 여정의 동반자

클래식은 단숨에 들리지 않는다.

그냥 살아가며 매일의 공기를 채우듯,

천천히 들이마시며 음미하는 음악이다.

서둘러야 할 이유는 조금도 없다.

내 삶의 보폭에 기꺼이 발을 맞추니,

그저 묵묵히 이 길을 즐기며 가면 그뿐.

때로 선율이 낯설어 의미를 놓치기도 하지만,

이해하지 못한다고 고민할 필요는 없다.

멈추지만 않으면, 깊은 곳에서 울림이 오고,

내 안의 누군가 알아듣고 고개를 끄덕인다.

어떨 때는 음악을 잠시 쉬어가도 좋다.

함께 걷는 이 과정이 그저 충분한 선물이며,

이 여정의 걸음걸이가 마냥 즐거운 일이다.

일상의 분주함 속, 문득 마주칠 때면,

그는 툭, 툭, 다정한 농담처럼 재미를 건네준다.

기나긴 인생길 끝까지 함께 할 평생의 동반자.

클래식은 나의 내면의 영원한 벗이다.

이 책을 마치며

이 책의 시작은 5년 전으로 거슬러 올라간다. 시험판('클래식 음악의 추상과 해례')을 책으로 만들어 여러 지인에게 보였더니, 그들로부터 '난해하다'라는 싸늘한 평가를 받았다. 돌이켜보니, 필자는 생각이 늦게 발동하고 썩 총명하지는 못한 것 같다. 단지, 꾸준할 뿐이기에 5년이나 걸렸다. 그 뼈아픈 실패는 치열한 개정 작업으로 이어졌고, 그 결과물이 바로 이 책의 본문이다. 집필을 다 마치고 보니, 이 책은 시험판을 훨씬 뛰어넘는 방대한 사유의 확장이었음을 깨닫는다.

이 책의 구조는 단선적이지 않다. 시간은 휘어지고, 서사는 되감기며, 소리의 미로 속에서 독자는 여러 겹의 길을 걷게 된다. 그것은 형이상학의 구조를 여러 층위로 드나들어야 했기 때문이다.

과연 이 책이 클래식이라는 광활한 음의 세계를 얼마나 잘 설명해 냈을까? 그러나 중요한 것은 설명 그 자체가 아닐지도 모른다. 이 책이 제시한 청취의 자세와 생각의 주파수, 그것이 독자들의 내면에서 각자의 방식으로 진동하기를, 진심으로 희망하고 또 희망한다.

에필로그:

감정, 그 마지막 숨결의 해방

인생이라는 거대한 교향곡의 마지막 페이지에 적힌 지시어는, 마치 말러가 그의 교향곡 9번 4악장에 남긴 '에르스테어밴트(Ersterbend, 죽어가듯이)'라는 고요한 선율과 닮아 있다.

우리는 평생 '자아'라는 이름의 연주자가 삶의 무대를 독점한다고 믿으며 살아간다. 그러나 생명은 자아가 없어도 생명이다. 인간의 자아도 감정이 생긴 이후, 200만 년 남짓의 지극히 최근에 등장한다.

말러의 1악장에서 들리는 불규칙한 심장 박동처럼, 자아는 생존의 불안 속에서 끊임없이 불협화음을 내며 자기 존재를 증명하려 애쓴다. 하지만 생의 결정적인 순간마다 주도권을 쥐고 운명의 고삐를 가로채는 것은 언제나 예외 없이 '감정'이었다.

자아는 감정이 뿌려준 신경전달물질이라는 원료를 받아 기쁨과 고통이라는 서사를 써 내려가는 해석기에 불과한 것일까? 실제로 감정이 병들면 자아도 멈춘다. 감정이 앞이고 자아가 그 뒤에 서 있다.

죽음이라는 인생 최후의 위기가 닥쳐올 때, 주인인 감정은 마침내 전면에 나선다. 사고의 충격이든 노화의 쇠락이든, 생명이 더는 가망이 없다고 판단하는 그 결정적인 찰나, 감정은 마지막 남은 에너지를 쥐어짜 오직 자신에게 집중하며 삶을 정리하는 숭고한 마무리 작업에 착수한다.

그 순간, 자아가 그토록 처절하게 매달렸던 기쁨과 고통의 신호탄은 모두 정지된다. 마치 말러의 4악장 종결부에서 현악기들이 가느다란 실처럼 잦아들며 소리와 침묵의 경계가 허물어지듯, 자아는 아무것도 적히지 않은 완벽한 백지 상태에 도달한다. 이것은 소멸이 아니라, 평생을 지켜낸 자아를 원래의 '없음'으로 되돌려 보내는 주인의 정중한 배웅이다.

최후에 남는 단 하나의 마지막 숨결을 점유하는 것은 오직 무의식의 감정뿐이다. 그 상태야말로 우리가 평생 갈구하던 고통과 기쁨이 소멸한 진정한 평온이다.

말러는 평생 죽음의 공포를 선율에 담아 변주하며 삶을 마쳤다. 그러나 누구보다 감정의 심연에 밀착해 살았던 그였기에, 정작 죽음의 문턱에서는 그 지독한 불협화음들이 거대한 정적의 무게로 수렴되는 평안을 마주했을 것이라 확신한다.

음악 감정의 기원

어쩌면 우리가 '나'라고 믿었던 자아는 찰나의 허상일지도 모른다. 하지만 이 정교한 생명 장치가 멈추는 순간이 진정한 자유와 해방임을 안다면, 우리는 역설적으로 지금 이 자아가 살아 움직이며 세상을 해석하는 그 경이로운 순간을 온전히, 아니 최대한 완전하게 누려 보자. 교향곡의 피날레가 평온할 것임을 아는 관객만이 앞선 악장들의 소란과 열정을 마음껏 누릴 수 있는 법이다.

오직 자신만을 지독하게 아끼고 보호해 온 생명의 주인은, 마지막 순간까지도 우리를 배신하지 않는다. 잠시의 고통을 지나면, 우리 모두는 감정이 마련한 가장 안락한 '해피엔딩'으로 삶을 마무리하게 될 것이다.

감정의 죽음, 곧 생명의 죽음.
항상 행복한 마무리를 바라는 인류의 오랜 염원.
그 짧은 순간에 펼쳐질 마지막 드라마가 두렵지 않다.
오히려 더욱 깊은 경외심으로 다가온다.

그러니 부디, 자아라는 이 눈부신 소프트웨어가 작동하는 그 순간을 온전하게 마음껏 누려보자. 그러다가, 우리는 마침내 종료의 침묵으로 완성된다.

에필로그